# 특허 전략이
# 미래를 바꾼다

# 특허 전략이 미래를 바꾼다

| | |
|---|---|
| 발행일 | 2015년 11월 10일 |

| | | | |
|---|---|---|---|
| 지은이 | 한규남, 이성수 | | |
| 펴낸이 | 손 형 국 | | |
| 펴낸곳 | (주)북랩 | | |
| 편집인 | 선일영 | 편집 | 서대종, 이소현, 김아름, 권유선, 김성신 |
| 디자인 | 이현수, 신혜림, 윤미라내, 임혜수 | 제작 | 박기성, 황동현, 구성우 |
| 마케팅 | 김회란, 박진관 | | |
| 출판등록 | 2004. 12. 1(제2012-000051호) | | |
| 주소 | 서울시 금천구 가산디지털 1로 168, 우림라이온스밸리 B동 B113, 114호 | | |
| 홈페이지 | www.book.co.kr | | |
| 전화번호 | (02)2026-5777 | 팩스 | (02)2026-5747 |

| | | |
|---|---|---|
| ISBN | 979-11-5585-787-8 03320(종이책) | 979-11-5585-788-5 05320(전자책) |

이 도서의 국립중앙도서관 출판예정도서목록(CIP)은 서지정보유통지원시스템 홈페이지(http://seoji.nl.go.kr)와
국가자료공동목록시스템(http://www.nl.go.kr/kolisnet)에서 이용하실 수 있습니다.
(CIP제어번호 : CIP2015030262)

성공한 사람들은 예외없이 기개가 남다르다고 합니다.
어려움에도 꺾이지 않았던 당신의 의기를 책에 담아보지 않으시렵니까?
책으로 펴내고 싶은 원고를 메일(book@book.co.kr)로 보내주세요.
성공출판의 파트너 북랩이 함께하겠습니다.

FOR THEM, IT'S
A COMPANY'S FUTURE

# 특허 전략이
# 미래를 바꾼다

## 우리 회사 특허 전략 제대로 세우기

—— 한규남, 이성수 지음 ——

북랩 book Lab

# 프롤로그 1

특허만을 기준으로 놓고 사람들을 구분하면 첫 번째 그룹은, 특허법의 사상과 특허의 실체를 잘 이해하는 전문가, 두 번째 그룹은 특허를 잘 모르는 일반인, 세 번째 그룹은 발명을 하는 연구자와 특허를 활용하여 사업을 하는 회사 관계자, 즉 특허를 생산하거나 활용하되 특허 전문가는 아닌 사람들로 구분해 볼 수 있다.

바로 비즈니스를 위해 특허를 필요로 하는 사람들인 세 번째 그룹이 필자가 생각하는 이 책의 주요 독자이다. 특허 전문가 중에서도 기업의 경영 전략 관점에서 특허를 다시 생각해 보고자 하는 분들도 이 책의 독자라고 할 수 있겠다.

특허는 기술에 대한 정보를 담고 있으면서 동시에 법적인 효력이 있으며, 경영 목적으로 사용된다. 즉, 특허는 기술, 법, 경영의 접점에 있으며 이러한 접점에서 특허를 활용하는 사람들은 바로 세 번째 그룹이다. 특허 전문가는 특허에 정통하면 되지만, 세 번째 그룹은 특허법과 명세서보다는 비즈니스 환경에서 특허를 전략적으로 활용하기 위한 큰 흐름과 중요한 포인트를 파악하는 것이 더 중요하다. 특허 자체에 관한 것은 전문가로부터 도움을 받을 수 있지만, 비즈니스 환경에 입각한 전략적인 판단은 스스로 해야 하기 때문이다.

그러나 세 번째 그룹에 속해있을 때, 특허의 전략적인 측면을 제대로 알기 어렵다. 필자도 그러했다. 대기업에서 연구 개발을 하다가 특허 전략 업무를 하게 되었을 때, 필자의 첫 과제는 신규 사업의 사활이 달린, 일본 선진사와의 특허 분쟁 대응 전략을 수립하는 것이었다. 연구 개발을 하면서 특허의 기술 내용을 읽고 또 발명을 했던 경험은 있었으나, 분쟁 대응은 특허를 다르게 보고 해석하는 시각을 필요로 했다. 특허는 권리 문서였으며, 철저히 기업의 경영을 바탕에 두고 생각해야 했다. 이때 느꼈던 바가 이 책을 쓰는 밑바탕이 되었다.

이 책은 필자가 특허 분쟁, 특허 전략 컨설팅 등을 수행하면서 얻은 지식과 경험 중에서 경영자, 기획 전문가, 구매 전문가 등 실무자들이 꼭 알아야 하는 내용을 정리한 것이다. 특허 비전문가를 대상으로 했다고 해서 책의 내용이 술술 읽힐 정도로 쉽지는 않다. 다만, 특허가 중심이 아니라 기업과 비즈니스를 중심에 두고 그 속에서 발생할 수 있는 상황에서 시작하여 특허 얘기로 풀어나갔다. 사업에 위협적인 특허를 파악하는 방법, 위험이 있을 때 대응하는 방법, 내가 가진 특허의 효력을 확인하고 강한 특허를 만드는 방안 등에 대해 기업의 대처 방안과 관련 특허법 내용과 사례를 설명하였다. 또한 좀 더 시각을 넓혀 기업의 특허 창출 전략, 목적에 따른 특허 확보 방안, 얼마나 특허를 확보해야 할 것인가를 다루어 체계적으로 특허 창출 전략을 수립하는 데 도움이 되도록 하였다.

특허가 사업의 걸림돌을 제거해 주는 만병통치약은 아니다. 반대로 특허가 사업에 아무런 소용이 없는 것도 아니다. 특허는 영리하고 조심스럽게 만들고 사용해야 그 힘을 제대로 발휘하는 까다로운 무기이다. 이 책이 비즈니스 현장의 실무자들이 특허를 제대로 이해하는 데 도움이 되어, 특허 분쟁을 미리 대비하고 더 나아가 특허를 전략적으로 창출하고 활용하여 기업 경영에 실질적인 이익을 얻을 수 있기를 바란다.

한규남

많은 이들이 특허는 나와 상관없는 것이라고 생각한다. 특허에 대해 잘 아는 이들도 비즈니스 현장에서 특허는 별로 쓸모없다고 말한다. 과연 그럴까? 어떤 기술이 필요한지 모르는 상태에서 연구 개발이 이루어지고 있는 것은 아닐까? 산업 현장에 필요한 기술임에도 특허로서 적절하게 보호되지 못하고 있는 것은 아닐까? 아니면 특허를 활용하는 방법을 알지 못하여 사장시키는 것은 아닐까?

특허는 새로운 아이디어를 보호하는 수단이다. 그러나 특허 제도는 새로운 아이디어를 보호하는 것에서 한 걸음 더 나아가 그러한 보호를 통해 궁극적으로는 국가의 산업 발전을 도모하는 것을 목적으로 한다. 이러한 목적이 달성되려면 특허가 산업 현장에서 활용되고, 이를 통해 경제적 이익이 창출되어야 한다. 즉, 특허는 산업 현장에서 활용되어야 가치가 있다.

원천 기술은 일반적으로 특허로서 넓게 보호된다. 그러나 보통 원천 기술은 개념에 관한 것이어서 그 자체로는 실용화되기 어려울

수 있다. 때문에 실용화에 적합한 정도로 구체화된 개량 기술이
나오지 않으면 산업 현장에 적용되지 못하고 사장되기도 한다.
따라서 원천 기술에 대한 특허가 있어도 우수한 개량 기술에
대해서는 특허를 받을 수 있다. 이 경우 개량 특허권자는 특허를
받았음에도 원천 특허 때문에 사업을 할 수 없는 것 아닐까?
그럴 가능성은 있지만 반드시 그런 것은 아니다. 따라서 선행
특허의 존재로 인해 내가 위험해질 가능성이 있는지, 그리고 내가
위험해지지 않으려면 어떻게 해야 하는지를 검토하고, 사업 전략의
큰 틀 안에서 특허 전략을 수립해야 한다.

변리사는 보통 발명자가 만들어낸 연구 결과물에 대해 특허를
받을 수 있도록 돕는다. 필자 역시 변리사가 된 후 그렇게 일했다.
그러나 그런 기술 대부분이 종이 특허권으로 존재하다가 비용
압박으로 포기된다는 것을 알게 되었다. 어떻게 해야 특허 기술이
활용되도록 할 수 있을까를 고민하면서 기술 경영이라는 새로운
학문을 접하게 되었고, 동시에 한국지식재산전략원의 기업 지원
사업에 특허 전략 전문가로서 활동하게 되었다.

변리사 본업으로 돌아온 이후에도 기술 거래를 해보겠다고
뛰어다녔으나 성과를 내기가 쉽지 않았다. 그러면서 깨달은 점은
기술 사업화의 성공에 가장 중요한 요소는 기술 그 자체이지만
그 기술을 담는 특허 역시 중요하다는 것이다. 아무리 우수한
기술이라도 권리가 잘못 설계되어 있으면 특허는 벽에 걸린 액자

**특허 전략**이
**미래를 바꾼다**

속의 특허증에 불과하다.

기술이 사업에 활용되어 힘을 발휘하려면 (1) 시장에서 필요로 하는 것이어야 하고, (2) 특허로서 적절하게 보호되어야 하며, (3) 경쟁자에게 대항하거나 경쟁자가 시장에 진입하는 것을 억제할 수 있어야 한다. (1)은 (2)와 (3)의 전제가 되는 중요한 주제이지만 이는 시장 전문가, 기술 전문가, 특허 전문가를 포괄하는 전문가 집단의 협력을 통해 결정되어야 하므로 이 책에서는 필요한 경우에 간단하게 언급하는 것으로 지나간다. 이 책에서는 주로 기술 개발 방향이 정해진 이후의 특허 전략 수립 방향, 즉 위 (2)와 (3)을 실행하는 전략 및 방법론에 대해 다룬다.

최근 특허 전략 또는 특허 경영 전략이라는 주제를 다루는 서적의 출간이 늘고 있지만 주로 일반론에 관한 것이고, 기업이 처한 특수한 상황이나 필요에 따른 특허 전략을 다루는 책은 아직 부족해 보인다. 이에, 한국지식재산전략원에서 동료로서 함께 일했던 한규남 박사의 제안에 따라 특허에 대한 전략적 접근법에 관한 한박사의 해박한 지식에 기대어 일천한 지식이나마 공유하기로 하였다. 비즈니스 현장에서 특허에 관한 의사 결정이 필요한 순간에 작은 도움이라도 되었으면 한다.

이성수

# CONTENTS

제1장

## 경쟁자의 특허: 나는 위험한가?

제6장

# 나의 특허: 활용 목적에 적합한 특허를 확보했는가?

제7장

# 나의 특허: 특허를 얼마나 많이 확보해야 하는가?

# 특허는
# 흔히 생각하는 것과 다르다

연일 뉴스에는 기업들의 특허 소송 얘기가 나오고 홈쇼핑에서도 특허받은 제품이라고 홍보하는 것을 흔히 볼 수 있다. 그래서 이제는 일반인들도 특허를 친숙하게 생각한다. 그러나 일반적인 특허의 이미지와 특허의 실체는 상당히 다르다. 기술, 특허, 기업 중 어느 하나라도 제대로 알지 못하면 장님이 코끼리를 만지는 것처럼 전체 형상을 잘못 판단할 수 있다. 이 책을 읽기 전에 특허에 대해 제대로 알고 있는지 아래의 문장 중, 맞는 것과 틀린 것을 골라 보자.

✓ 특허받은 기술은 우수하다.

✓ 특허의 기술이 곧 권리이다.

✓ 나의 특허가 등록되면, 그 기술을 독점할 수 있다.

✓ 나의 특허가 등록되면, 그 기술에 대해 특허 침해 소송을 당할 리가 없다.

✓ 특허는 많을수록 좋다.

✓ 문제 특허가 있으면, 관련 사업을 할 수 없다.

다 맞는 말인 것 같지만, 위의 내용 중 절대적으로 옳은 것은 없다. 제대로 고쳐 보면 다음과 같다.

❖ 특허받은 기술도 우수하지 않고 기존의 것을 조금 변형시킨 것일 수 있다.

❖ 특허의 기술이 그 특허의 권리가 아닐 수 있다.

❖ 나의 특허가 등록되어도 그 기술을 독점하지 못할 수 있다.

❖ 특허받은 나의 기술로 제품을 만들어도 특허 침해 소송을 당할 수 있다.

❖ 특허가 많아도 효용은 없고 비용만 발생할 수 있다.

❖ 문제 특허가 있어도 대책을 수립하고 사업을 할 수 있다.

일반인은 특허를 잘 알지 못해도 큰 손해를 보지는 않는다. 단지, '특허받은 갈비탕을 먹으러 멀리까지 왔는데 별거 아니네.' 하는 정도의 사소한 실망을 할 것이다. 하지만 특허 발명의 주체인 연구자, 특허를 활용하는 경영자, 기획 전문가, 마케팅 전문가 등이 특허의 속성을 제대로 알지 못하면 큰 낭패를 볼 수 있다. 특허가 기업의 경영에 미치는 영향력이 점점 커지는 상황에서, 중요한 전략적 판단에 오류를 범할 수 있으며 상당한 자원을 낭비할 수도 있기 때문이다.

이 책은 경영 관점에서 특허를 설명한다. 연구자, 경영자, 마케팅 전문가 등 특허를 생산하고 이용하는 관계자들이 특허 분쟁 등의 위험 상황을 판단하고 적합한 특허 전략을 수립할 수 있도록 돕는데에 목적을 둔다. 이 책을 읽는다고 해서 특허 전문가가 되지는 않겠지만, 경영 판단을 내리는 데에 도움이 되는 특허 전략의 큰 틀은 이해하게 될 것이다.

또한 주로 각 특허를 깊이 보는 데 익숙한 특허 전문가들에게도 경영 관점에서 특허를 바라보는 데에 도움이 되었으면 한다.

## 책의 구성과 활용

이 책은 총 9장으로 구성되어 있다. 한 번에 이 책의 내용을 모두 이해하는 것이 부담이 된다면, 당면한 문제와 관련이 있거나 관심이 있는 부분을 우선적으로 보기를 권한다.

| | |
|---|---|
| **1 장** | 특허 소송을 당할 수 있다고 우려되는 문제 특허가 있을 때, 그것이 **정말 위험한 것인지 판단**하는 내용이다. |
| **2 장** | 정말 위험한 문제 특허가 있을 때, 그 문제 특허의 **위험을 피하거나 피해를 줄이는 전략**을 설명한다. |
| **3 장** | **나의 특허**가 나에게 독점적인 지위를 줄 수 있는 **강력한 것인지** 타인의 모방을 막을 수 없는 **미약한 것인지** 알아본다. |
| **4 장** | 개발한 기술에 대한 특허를 출원할 때, **넓은 권리를 갖도록 설계**하기 위해 꼭 알아야 할 내용이다. |
| **5 장** | 기업의 사업 전략과 기술의 수명 주기에 따라 **적합한 특허 확보 방향**을 설명한다. |
| **6 장** | 기술의 독점, 특허 공격에 대한 방어 등 특허 확보의 목적에 **적합한 출원 전략**을 설명한다. |
| **7 장** | 특허 확보의 목적에 따라 **특허를 얼마나 많이 확보해야 하는지** 정석적인 가이드 라인을 제시한다. |
| **8 장** | 공정 기술 등 특허 출원으로 기술이 공개될까 우려되어 **특허 출원이 망설여지는 경우,** 판단 기준을 제시한다. |
| **9 장** | 1장에서 8장까지의 내용을 종합적으로 활용한 특허 전략 사례를 소개한다. |

**<그림 0-1> 각 장의 내용**

각 장을 읽을 때도 그 장의 내용을 모두 봐야 하는 것은 아니다. 각 장은 시작 부분에서 기업의 예를 들어 문제를 제기하고, 문제 상황에 대한 대응 전략이나 관련 지식을 간략히 소개한 다음, 관련 근거를 제시하고 명확한 이해를 도울 목적으로 조금 더 깊이 있는 내용을 설명하는 순서로 되어 있다. 따라서 큰 방향을 아는 것으로 충분한 분들은 문제 제기와 이에 대한 전략의 큰 틀이 설명된 부분을 정독하고 '사례와 추가 설명'은 훑어보는 정도로 지나가도 된다.

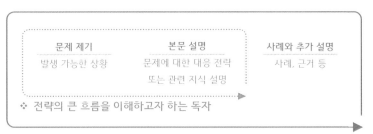

**<그림 0-2> 각 장의 구성**

# 제1장

## 경쟁자의 특허: 나는 위험한가?

특허 분쟁은 전쟁과 흡사하다. 적국의 전력, 보유 무기의 특성과 위험성을 정확히 판단한 후에야 이에 적합한 전략을 세울 수 있는 것처럼, 위험을 정확히 판단하는 것이 특허 분쟁 대응 전략 수립의 기본이다. 위협적으로 보이는 특허가 위험하지 않고 위협적이지 않게 보이는 특허가 위험한 경우가 종종 있으므로, 직관적인 판단은 오류로 이어지기 쉽다.

# 특허의 위험,
# 정확히 판단하기

온갖 난관을 극복하고 신제품을 개발해서 이제 사업을 궤도에 올려놓았는데 예상치 못한 특허 소송을 당하는 상황을 생각해보자. 특허의 위험을 간과했기 때문에 그동안의 모든 노력이 수포로 돌아가고 오히려 손해를 입는 일이 실제로 일어나고 있다.

반대로 기술의 유사성만 보고, 특허의 위험을 과대평가해서 필요 이상으로 자원을 투입하는 경우도 있다. 이는 기업의 경쟁력을 약화시키는 낭비이다.

특허의 위험을 전혀 염두에 두지 않거나 상대방 특허를 과소 또는 과대평가하는 것은 모두 사업에 큰 손실을 입힐 수 있으므로, 특허의 위험을 정확하게 판단해야 한다.

**특허 전략**이
**미래를 바꾼다**

문제는, 위협적으로 보이는 특허가 위험하지 않고 위협적이지 않아 보이는 특허가 실제로는 위험한 경우가 종종 있다는 것이다. 정확한 판단을 위해서는 특허권의 유효성 확인과 정확한 청구항의 해석이 필요하며 추가적인 조사가 요구되기도 한다.

1장에서는 경쟁자의 특허가 나에게 위험한지 판단하는 방법을 설명한다.

# 위험해 보이는 특허를 발견했을 때
## 위험 판단 프로세스

우리 회사는 최근 5년 동안 막대한 연구비를 투자하여 신제품을 개발하였다. 출시를 1년 앞두고 소비자의 반응을 조사해 보니 성능과 편리성이 매우 우수하여 구매하고 싶다는 의견이 압도적이었다.

그런데 순조롭게 신제품의 대량 생산을 준비하던 중, **이 제품에 관한 특허를 경쟁사가 보유**하고 있다는 것을 알게 되었다. 충격을 받은 경영진은 향후 사업 전략을 논의 중이다. 빨리 사업 진행에 대한 결정을 내려야 손실을 최소화할 수 있기 때문이다.

\* 이 제품의 출시를 계속 추진해도 되는 것일까?
\* 시장에 진출하면 소송을 당하지 않을까?

<그림 1-1> 신제품 개발 중 경쟁사의 특허를 발견한다면?

위험해 보이는 특허를 인지한 상황에서 경영자는 다음 3가지의 선택을 할 수 있다. 첫째, 장래의 위험을 근본적으로 피하기 위해 사업을 중단하는 방법, 둘째, 다양한 대응 전략을 수립하고 위험을 회피하는 방향으로 전환하여 사업을 진행하는 방안, 마지막으로 위험을 무시한 채 그대로 추진하는 방안이 있다. 선택에 따라 손실이 발생할 수 있으므로 **실제로 얼마나 위험한지를 파악하는 것이 중요하다.**

특허 위험 판단은 신중해야 한다. 내가 생산하는 제품에 대한 경쟁자의 특허가 있다고 해도 그 자체만으로 위험한 것은 아니다. 선불리 특허 때문에 사업을 중단한다면 그동안의 투자와 노력은 모두 물거품이 되고 유망한 사업 기회도 놓치게 된다. 경쟁자의 특허가 위험하지 않거나 위험을 과대평가한 것이라면 사업 중단이나 대응 전략 수립의 조치는 경쟁력 약화로 이어져 기업에 치명상을 입힐 수 있다.

| 경영자의 선택 | 선택의 위험 |
|---|---|
| 사업 중단 | 그동안의 투자비와 노력이 수포로 돌아간다. 유망한 사업 기회를 놓치게 된다. |
| 회피 설계 등 대응 전략 마련 후 사업 계속 | 특허를 회피하기 위해 기술과 공정을 변경함으로써 비효율이 발생하여 경쟁사보다 제품 경쟁력이 하락한다. |
| 조치 없이 사업 계속 | 특허 소송의 위험이 있다. 구체적으로는 기업 이미지 손상, 재판 과정 중 경제적, 정신적 소모, 로열티 지불, 강제로 사업 중단 등의 상황이 발생할 수 있다. |

**<그림 1-2> 위험하게 보이는 특허를 발견했을 때 경영자의 선택과 위험**

문제를 분석한 결과 위험이 분명하다면, 얼마나 심각한지 파악하고 대응 전략을 고민해야 한다. 사업성이 불투명한 초기 단계 기술을 제외하면 위험한 특허가 없는 사업은 거의 없으며, 위험한 특허가 있더라도 위험을 최소화하고 사업을 추진하는 방안이 전혀 없는 것도 아니다. 그러나 경쟁자의 특허가 위험한 것임에도 조치 없이 사업을 계속한다면 큰 낭패를 볼 수 있다.

상당수의 경영자들과 연구자들은 경쟁사의 특허가 있다는 사실과 소송을 당할 수 있다는 것을 동일시하는 경향이 있다. 그러나 경쟁사에 우리 회사 제품과 관련이 있는 특허가 있더라도 그것이 곧 위험을 의미하지는 않는다. 아직 겁을 먹기는 이르다.

여러 가지를 살펴보면 빠져나갈 방안이 있을 수 있다. 경쟁사의 특허 중 당사 제품과 관련된 특허가 있다는 정보가 입수되었을 때 위험한지를 판단하려면 다음 그림 1-3에 나타낸 것과 같은 과정을 단계적으로 살펴보면 된다.

| | |
|---|---|
| 1 단계 | 상대 특허권은 유효한가? |
| 2 단계 | 나의 제품이 상대 특허를 침해하는가? |
| 3 단계 | 나도 상대를 공격할 수 있는 특허가 있나? 누가 더 힘이 강한가? |
| 4 단계 | 상대방은 공격적인가? |

<그림 1-3> 특허 위험 판단 프로세스

# 1 특허의 유효성 판단

모든 특허가 효력이 있는 것은 아니다. **특허권이 등록되어 유지되고 있어야 유효한 특허이다.** 심사를 받고 등록되어 특허료가 납부된 특허만 법적으로 효력이 있으며 권리 범위도 확정되어 비로소 위험을 따져 볼 수 있다. 따라서 특허 위험을 판단함에 있어서 가장 먼저 할 일은 경쟁사의 특허권이 유효한지를 확인하는 것이다.

특허는 대체로 출원, 공개, 등록의 절차를 거치면서 각 단계마다 출원번호, 공개번호, 등록번호가 부여된다.[1] 출원은 특허를 받으려는 발명의 내용을 설명하는 서류를 특허청에 제출하는 것이며, 공개는 출원 후 일정 기간이 경과[2]한 다음에 출원된 내용을 누구나 볼 수 있게 하는 것이다. 따라서 **출원번호와 공개번호는**[3] **특허 권리에 하자가 있어도 받을 수 있고 특허권과는 무관하다.** 등록번호가 없고 출원번호, 공개번호만 있는 출원은 권리가 미정이거나 없는 것이다.

특허권은 출원된 발명이 독점 배타적인 권리를 가질 만한 것인지

---------------------------------

1 공개 전에 심사가 완료되어 공개번호 없이 등록번호가 부여되거나, 공개 후, 거절되어 등록번호가 없는 경우도 있다.

2 한국의 경우 출원 후 1년 6월이 경과한 때에 공개된다. 다만, 1년 6월 이전에 공개 신청이 되면 더 빨리 공개될 수도 있다.

3 한국의 '출원번호'는 10-0000-0000000, '공개번호'는 10-0000-0000000A와 같은 형식이다. 공개번호는 뒤에 'A'가 더 붙는다는 점에서 출원번호와 다르다. 앞의 '10'은 특허를, 가운데 네 자리는 출원 또는 공개 연도를, 뒤 일곱 자리는 일련번호를 나타낸다.

특허청에서 심사하는 단계를 거쳐 문제가 없다고 판단되는 경우에만 발생하며 이때 등록번호가 부여된다.[4] 등록된 이후에도 등록 유지비[5]를 내지 않거나 심판에 의해 무효가 되면 특허권은 소멸되며, 등록된 모든 특허는 출원한 날부터 20년이 경과하였을 때 권리가 소멸한다.[6] 따라서 등록되었으며, 등록이 유지되고 있고, 출원한 날부터 20년이 경과하지 않은 특허, 즉 유효한 특허에 대해서만 위험을 판단하면 된다.[7]

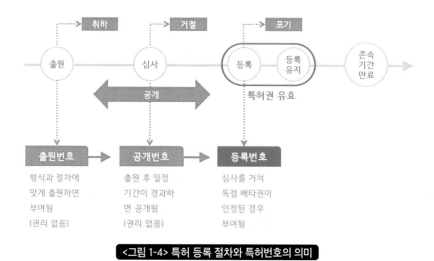

<그림 1-4> 특허 등록 절차와 특허번호의 의미

----------------------------------------

4 등록번호의 경우 10-0000000의 형식으로 되어 있다. 앞의 '10'은 특허를, 뒤 일곱 자리는 특허번호를 나타낸다.

5 등록될 때 3년분, 그 이후에는 매년 등록 유지비를 내야 한다.

6 이 기간을 특허권의 '존속 기간'이라고 한다. 의약 또는 농약 관련 발명의 경우 다른 법에 따른 허가나 등록을 위해 필요한 시험에 소요된 기간을 5년 이내에서 연장할 수 있어서 특허의 존속 기간은 최대 25년이 될 수 있다.

7 특허가 유효한지에 대해서는 특허청 DB에서 찾아보거나 특허 사무소에 문의하면 알 수 있다. 기업의 경영자나 기획 담당자는 특허가 살아 있는 경우, 즉 유효한 경우에만 힘이 있다는 것을 알아 두면 된다.

만약 경쟁사의 특허가 등록되지 않은 공개 특허라면 거절되었는지, 취하되었는지, 심사 중인지 살펴보아야 한다. 거절이나 취하되었다면 그 특허에 대해서는 더 이상 걱정할 필요가 없다.[8]

심사 중이거나 심사 예정인 특허는 심사 결과에 따라, 아예 등록이 되지 않을 수도 있고,[9] 공개된 내용 그대로 등록되거나, 공개된 내용보다 권리 범위가 축소된 상태로 등록될 수도 있다. 따라서 **공개 특허의 권리 범위는 심사 후 확정되는 등록 특허의 권리 범위와 다를 수 있다.** 이러한 특허는 당장 유효성과 위험 여부를 판단할 수 없으므로 심사 경과를 모니터링해야 한다.

<그림 1-5> 특허의 심사 결과

---

8 그러나 그 거절된 특허 이전에 출원된 제3자의 특허가 있는지에 대해서는 찾아보아야 하며 경쟁사의 특허와 마찬가지로 법적 상태 확인 등 분석이 필요하다.

9 특허가 출원되었으나 등록되지 않는 대표적인 이유는 특허청이 특허 등록을 거절하는 경우이다. 그 밖의 이유로는 출원의 취하(심사 청구를 할 수 있는 기간 내에 심사 청구를 하지 않아서 취하된 것으로 간주되는 경우 포함)와 포기가 있다.

등록 특허의 구분은 기본적인 특허 지식이므로 등록 특허가 아닌 것으로 침해를 판단하는 일은 없을 것이라고 생각할 수 있다. 그러나 실무에서는 유효하지도 않은 특허에 대해 대책을 고민하는 사례를 어렵지 않게 접하게 된다. 심도 있는 침해 분석 전에 반드시 권리가 살아있는지 확인해야 한다.

또 한 가지, **특허권은 출원·등록된 국가에서만 효력**이 있으며 심사도 나라마다 독립적으로 진행되는 것이 원칙이다. 동일한 발명을 여러 국가에 출원해도 어느 나라에서는 거절되고, 다른 나라에서는 등록되는 등 심사 결과가 다를 수 있다. 따라서 국가마다 특허의 유효성을 판단해야 한다.

# 2 청구항과 제품의 침해 분석

특허가 유효한 것으로 확인되었다면, 비로소 나의 제품이 상대방의 특허권을 침해하는지 면밀히 분석해야 한다. 상대방의 특허권이 유효하고 특허의 내용이 나의 제품과 매우 유사하더라도 침해가 아닌 경우가 종종 있다.

침해 여부를 판단하려면 반드시 특허의 청구 범위를 보아야 한다. 특허는 그림 1-6과 같이 요약서, 명세서, 청구 범위(청구항, 클레

| 서지 사항 | 출원인, 출원번호, 공개번호, 등록번호 등 |
|---|---|
| 요약 | 특허 기술 내용의 핵심을 간단히 설명 |
| 대표도 | 특허 기술을 가장 잘 반영하는 대표적인 도면 |
| 특허 청구의 범위 | 이곳에 명시된 것만 권리의 대상 |
| 명세서<br>　기술 분야<br>　배경 기술<br>　발명의 내용<br>　　해결하려는 과제<br>　　과제의 해결 수단<br>　　발명의 효과<br>　도면의 간단한 설명<br>　발명을 실시하기 위한 구체적인 내용<br>　부호의 설명 | 배경 기술<br>• 본 발명에 대한 선행 기술 설명<br><br>발명의 내용<br>• 청구항을 뒷받침하는 자세한 기술 설명<br>• 이곳에 설명했어도 청구항에서 주장하지 않으면 나의 권리라고 할 수 없음 |
| 도면 | 특허 기술을 설명하는 모든 도면 |

**<그림 1-6> 특허의 구성**

임), 도면 등으로 구성되어 있다.[10] 요약서, 명세서, 도면은 발명의 배경, 기술 내용, 발명의 효과 등을 설명하는 부분으로서 권리 범위를 정하는 기준이 아니다. 따라서 청구 범위가 아닌 부분에만 있는 내용을 가지고는 권리를 주장할 수 없다.

청구항을 보고 침해를 판단할 때에도 청구항의 내용을 직관적으로 파악하면 안 된다. 청구항의 단어와 문장을 하나하나 해석해서 나의 제품과 비교해 보아야 한다. 특허 침해 문제는 특허 소송 등 기업의 손익과 직결되므로 침해 판단은 누가 보아도 객관적이어야 하며, 기술 용어의 의미, 접속사, 문장 부호까지도 고려하여 해석해야 한다.

기술적인 이해도가 높음에도 청구항의 권리 범위를 해석할 때 오류를 범하는 경우를 보게 된다. 이런 오류를 피하려면 청구항에 적힌 발명의 구성 요소를 분해하고 각 구성 요소를 대상 제품의 특징과 비교 분석하는 체계적인 청구항 분석표(클레임 차트) 작성이 필요하다. 본 장의 '사례와 추가 설명' 부분에서 예를 들어 설명한다.

특허는 하나 이상의 독립항[11]과 종속항[12]으로 구성되어 있으며

---

10 국가에 따라서 청구 범위가 명세서에 포함되어 있는 경우도 있다.

11 인용하는 청구항이 없는 청구항을 '독립항'이라고 한다. 독립항은 다른 청구항과 관계없이 그 독립항의 구성 요소를 모두 포함하는 제품에 대해 침해를 주장할 수 있다.

12 독립항의 내용을 한정하거나 부가하여 구체화하는 청구항을 '종속항'이라 한다. 즉, 종속항은 인용하는 청구항이 있으며, 인용하는 청구항의 구성과 해당 종속항의 구성에 모두 해당하는 제품에 대해서만 침해를 주장할 수 있다.

하나의 청구항이라도 침해이면 그 특허를 침해하는 것이다. 따라서 전체 청구항에 대해 침해 여부를 판단해야 하며 독립항과 종속항의 해석을 명확하게 해야 한다.

다음 그림 1-7은 독립항 3개, 종속항 7개가 있는 경쟁사 특허에 대한 침해 판단 프로세스이다. 먼저 경쟁사 특허의 모든 독립항에 대해 나의 제품이 침해하고 있는지 분석한다. 만약 하나 이상의 독립항을 침해한다고 분석되었다면 그 독립항에 종속된 종속항만 침

청구항 구성 예시

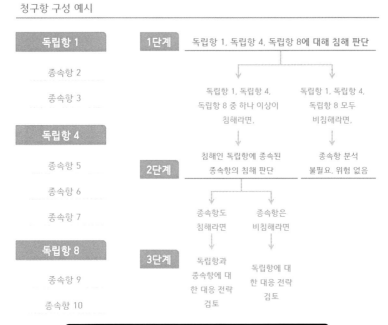

**<그림 1-7> 복수의 청구항을 갖는 특허의 침해 분석 프로세스**

해 여부를 분석하면 된다.[13] 독립항을 침해하지 않는데 그에 종속된 종속항을 침해하는 경우는 없기 때문이다. 따라서 **모든 독립항을 침해하지 않는다면 그 특허를 침해하는 것이 아니므로 종속항에 대해서 분석할 필요가 없다.**

독립항과 종속항을 해석할 때 각각 유의 사항이 있다. **독립항을 해석할 때에는 독립항에 언급되지 않은 특허의 기술적 특징이나 종속항의 내용을 반영하여 해석하면 안 된다.** 반대로 종속항을 해석할 때는 해당되는 독립항을 포함해서 해석해야 한다. 본 장의 '사례와 추가 설명'에서 독립항과 종속항의 해석에 대해 자세히 설명한다.

끝으로, 내 제품이 타인의 특허를 침해하는지 판단하는 것보다 특허권자가 나의 제품의 침해 사실을 파악하는 것이 더 어려운 경우가 있다. 제품으로부터 파악할 수 없는 기술인 경우에 그렇다. 특허권자가 나의 침해 사실을 알아채지 못할 기술이라면 상대적으로 위험은 줄어든다.

---

13 어떤 독립항과 종속항을 침해하는지에 따라 대응 전략을 수립하는 방법과 범위가 달라진다. 문제 특허에 대한 대응 전략 수립은 2장에서 알아본다.

# 3 특허권자와 나의 힘의 균형 판단

유효한 특허를 침해하는 것으로 분석되었다면, **특허권자가 침해 소송을 제기할 만한 정황인지 분석한다.**

상대방의 특허권을 침해하더라도 항상 특허 분쟁이 발생하는 것은 아니다. **특허 분쟁[14]은 전쟁과 유사하다.** 성능 좋은 총을 가지고 있다고 해도 대포와 수류탄, 미사일까지 보유한 나라를 침범하는 것은 무모하다. 나에게 더욱 강력한 무기가 있거나 공격력이 서로 유사하다면 상대방은 함부로 공격을 감행할 수 없으며, 상대방이 판단을 잘못하여 공격해도 막아낼 수 있다.

즉, 내가 상대방의 특허를 침해하더라도 상대방도 나의 특허를 침해하고 있어 힘의 균형이 이루어진다면, 특허 분쟁이 발생할 가능성은 작아진다. 상대방이 나의 특허 기술을 반드시 사용해야 하고, 나의 특허를 침해하는 것이 더 많다면 나의 특허 위험은 더 낮아진다.

상대방에 대응할 수 있는 특허가 나에게 있는지 알기 위해서는

---

14 특허 분쟁은 법정에서 침해 여부를 다루는 소송과 당사자 간에 협상을 통해 결론을 내는 외부로 드러나지 않는 다툼을 포함한다.

상대방의 제품을 입수하여 어떤 기술이 사용되었는지, 즉 해당 제품이 나의 특허를 침해하는지 분석해 보면 된다. 방법은 나의 제품이 상대방의 특허를 침해하고 있는지 판단하는 것과 동일하다.

그러나 상대방 특허권자와 힘의 균형을 이루어 위험을 줄이는 방안은 제품을 생산하는 특허권자에 대해서만 적용할 수 있다. 다시 말해, 상대방이 제품을 생산하지 않으면 내가 공격할 대상이 없으므로 힘의 균형이라는 상황이 성립되지 않는다. 따라서 특허권자가 대학, 연구소, 특허 해적, 사업을 철수한 기업 등과 같은 비실시 주체(NPE, non practicing entity)인 경우 제품을 생산하는 특허권자에 비해 더 위험하다.

# 4 특허권자의 공격성 판단

특허권자의 성향을 분석한다. **특허 위험은 특허권자의 공격성에 따라 달라진다.** 아무리 위협적인 특허도 특허권자가 권리를 행사하지 않는다면 위험한 상황이 발생하지 않는다.

소송을 시작하려면, 상대방의 침해를 알아채야 하고 소송에서 이익을 취할 수 있다는 전략적인 판단도 필요하다. 그러나 두 가지 모두에 대해 확신을 가지기 쉽지 않으며 소송에는 불확실성이 존재하므로 용기와 결단이 요구된다. 만약 위험 특허가 많다면, 특허권자의 공격성 정도를 구분하여 시급하고 큰 피해가 예상되는 특허에 대해 먼저 대응할 수도 있다. 특허권자의 공격성은 지금까지 해당 특허권자가 특허 소송을 제기했던 과거의 이력과 특허 분쟁을 통해 얻을 수 있는 미래의 이익으로부터 판단할 수 있다.

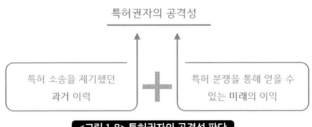

**<그림 1-8> 특허권자의 공격성 판단**

특허 소송을 많이 제기했던 특허권자에 비해 특허 소송을 제기했던 경험이 없는 특허권자는 공격성이 상대적으로 낮다고 볼 수 있다. 특허 분쟁 이력은 각국의 소송 전문 DB를 조사하면 알 수 있다. 전문가가 아니면 원하는 자료의 검색이나 해석이 어렵고 유료 사이트도 있으므로 특허 사무소 등에 문의하여 확인하는 것이 바람직하다.

특허권자가 특허 소송을 통해 얻을 이익이 클수록 공격성은 높아진다. 압도적인 시장 점유율을 유지하던 업체가 후발 주자에게 시장을 크게 빼앗긴 경우나, 치열한 경쟁 관계인 업체는 특허 소송을 통해 상대방을 제압함으로써 시장에서 얻게 될 이익이 상당하다. 후발 주자에 의해 시장에서 퇴출된 선도 기술 개발 업체도 보유한 특허권을 활용하여 기술료 수입을 얻을 수 있으므로 소송의 이익이 크다.

상대의 특허가 유효하고, 당사 제품이 그 특허의 청구항을 침해하는 상황에서, 나에게 상대방을 공격할 만한 특허도 없는 경우, 특허권자의 공격성을 신중하게 판단해 볼 필요가 있다. 특허권자의 공격성이 크다면, 내가 위험한 상황에 처하게 될 확률이 높아지므로 더욱 신중한 대책 마련이 필요하다. 물론 상대가 특허 소송을 제기한 경험이 없다고 해도 안심할 수는 없다. 당신의 회사가 첫 번째 특허 소송 대상이 될 수도 있으므로 대책 마련이 필요하다. 어떻게 준비해야 하는지에 대해서는 2장에서 설명한다.

**특허 전략**이
**미래를 바꾼다**

## 특허의 유효성과 사업 위험

다수의 국가에 출원된 문제 특허가 발견되었다. 각 국가에서 안전하게 사업을 할 수 있을지 판단해 보자.

그림 1-9는 여러 국가에 출원된 경쟁사 특허에 대한 나의 사업 위험을 분석한 예시이다. 경쟁사는 한국, 일본, 미국, 유럽에 출원하였으나 특허가 유효하게 등록·유지되고 있는 국가는 일본과 유럽뿐이며, 나는 일본을 제외한 한국, 미국, 유럽에서만 생산 또는 판매하고 있다.

특허권이 유효하지 않은 우리나라와 미국은 특허 위험이 없고 일본에서는 사업을 하지 않으므로 일본의 특허권은 나에게 위협이 되지 않는다. 유럽 특허만이 문제인데 등록된 청구항을 분석해 보니 심사 과정 중에 권리 범위가 축소되어 나의 제품이 침해하지 않게 되었다.[15]

--------------------------------

15 동일한 발명을 각국에 출원하여도 각국의 심사 과정을 거치면서 청구항의 내용이 서로 달라지는 경우가 종종 있으며, 심지어는 어떤 국가에서는 등록되고 다른 국가에서는 거절되기도 한다.

결론적으로, 경쟁사의 특허는 기술적으로 나의 제품과 관련이 있고 일부 국가에서 유효한 권리이지만 나의 사업을 위협하지는 못하는 것으로 판단할 수 있다.

| 출원국 | KR(한국) | JP(일본) | US(미국) | EP(유럽) |
|---|---|---|---|---|
| 권리 상태 | 취하 | 등록 유지 | 거절 | 등록(권리 축소) |
| 침해 여부 | - | 등록 청구항 침해 | - | 축소된 권리 침해하지 않음 |
| 당사 사업 현황 | 제품 생산 | - | 제품 판매 | 제품 판매 |
| 위험 | 권리 없으므로 위험 없음 | 사업하지 않으므로 위험 없음 | 거절되었으므로 위험 없음 | 침해하지 않으므로 위험 없음 |

**<그림 1-9> 국가별 경쟁사의 문제 특허에 대한 사업 위험 판단**

## 침해 분석

나의 제품과 매우 유사한 경쟁사의 특허가 유효하게 등록 유지되고 있다. 침해 여부를 판단해 보자.

그림 1-10은 금속 질화막 형성 장치의 예를 들어 나의 제품이 경쟁사의 특허를 침해하는지 분석한 것이다. 경쟁사 특허의 청구항 1항은 구성 요소가 4개인데, 각 구성 요소를 당사의 제품과 비교해 본 결과, 구성 요소 3과 4는 나의 제품에 없었다. 청구항의 모든 구성 요소가 나의 제품에 있는 경우만 그 청구항을 침해하는 것이다.

**특허 전략이
미래를 바꾼다**

따라서 그림 1-10의 청구항 1항에 의한 특허 분쟁 위험성은 없다고
판단하였다.[16]

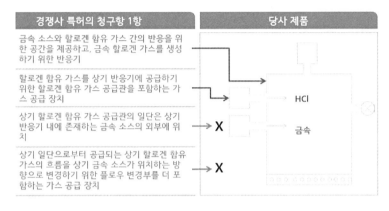

<그림 1-10> 청구항의 침해 분석

## 독립항의 해석과 침해 판단

예를 들어, 다음 그림 1-11과 같이 위험물 보관 장치 특허의 종속
항인 청구항 2항에 가이드부의 물질 조성이 한정되어 있을 때, 가
이드부의 소재를 연구하는 연구원이라면 청구항 2항의 PTFE 함량
이 이 **특허의 특징이라고 판단함과 동시에 권리 범위도 이와 동일
할 것이라고 생각**할 가능성이 있다.

--------------------------------

16 주의할 점은 청구항의 구성 요소와 정확히 일치하지는 않지만 거의 동일한 기능을 하는 것으로 대
체된 경우라면 대체된 구성 요소가 균등한 범위에 있는지를 판단해야 한다. 이것은 매우 전문적인 분
석이 요구되므로 내부의 기술자와 특허 전문가가 협력해서 결론을 도출해야 한다. 구성 요소가 동일
하지 않더라도 특정 요건을 충족하면 균등한 것으로 판단하게 된다. 이러한 판단을 위한 논리가 '균
등론'이다.

그러나 독립항인 청구항 1항은 소재를 한정하고 있지 않으므로, PTFE가 아닌 다른 고분자를 사용해도 청구항 1항의 구성 요소를 모두 포함하기만 하면 그 특허를 침해하게 된다. 그림 1-11의 제품 C가 그러하다.

반면, 그림 1-11의 제품 B와 같이 가이드부의 조성이 종속항 2항과 동일해도 청구항 1항의 구성 요소와 다른 부분이 있으면 그 특허를 침해하는 것이 아니다. PTFE 함량이 이 특허의 핵심이라는 판단은 상당히 주관적인 것이다. 특허를 보는 사람이 PTFE의 최적 조성을 찾고 있었다면 PTFE 함량을 핵심 기술로 판단하겠지만, 진공 장치 구조에 대한 기술이 주요 관심사인 사람은 PTFE 함량을 핵심 기술이라고 보지 않는다.

또한 특허의 출원 시기가 상당히 빠른 경우 청구항 1항은 현재로서는 기술적 특징이 없는 당연한 내용일 수 있다. 연구자는 본인 입장에서 핵심 기술을 찾고 그 이외의 기술은 해당 산업 분야에 잘 알려진 것이라서 침해가 되지 않는다는 생각을 하는 경향이 있다. 다시 강조하지만, **침해 여부는 원칙적으로 독립항의 각 구성 요소를 문자 그대로 해석하여 나의 제품에 모두 반영되어 있는지를 판단**하는 것이다. 현재로서는 기술적인 시사점이 없는 당연한 특허가 사실은 가장 침해 가능성이 큰 무서운 특허일 수 있다.

청구항 1항

상부에 주입구가 형성된 저장 용기, 상기 저장 용기에 연장되어 형성된 중공의 가이드부, 상기 가이드부의 단부에 마련되어 저장 물질을 배출하기 위한 다수의 배출공이 형성된 노즐부, 저장 용기의 측면에 마련된 진동 장치를 포함하는 위험물 보관 장치에 있어서, 상기 가이드부는 **만곡 또는 절곡** 되는 것을 특징으로 하는 위험물 보관 장치

청구항 2항

제1항에 있어서,

상기 **가이드부는**, PTFE를 30~50% 함유하는 것을 특징으로 하는 위험물 보관 장치

| 청구항 1항 | | 제품 A | 제품 B | 제품 C |
|---|---|---|---|---|
| 1 | 상부에 주입구가 형성된 저장 용기 | ○ | ○ | ○ |
| 2 | 상기 저장 용기에 연장되어 형성된 중공의 가이드부 | ○ | ○ | ○ |
| 3 | 상기 가이드부의 단부에 마련되어 저장 물질을 배출하기 위한 다수의 배출공이 형성된 노즐부 | ○ | ○ | ○ |
| 4 | 저장 용기의 측면에 마련된 진동 장치를 포함하는 위험물 보관 장치에 있어서, | ○ | X | ○ |
| 5 | 상기 가이드부는 만곡 또는 절곡 되는 것을 특징으로 하는 위험물 보관 장치 | ○ | ○ | ○ |

| 청구항 2항 | | 제품 A | 제품 B | 제품 C |
|---|---|---|---|---|
| 6 | 상기 가이드부는 PTFE를 30~50% 함유 | ○ | ○ | X |

> ➤ 청구항 1항에는 가이드부의 조성이 정해져 있지 않으므로 어떤 소재를 사용했는지는 청구항 1항의 침해 판단에 영향을 주지 않음
>
> ➤ PTFE 30~50% 포함하는 가이드부 소재가 본 특허의 핵심기술이라고 하는 것은 개인의 주관적인 판단이라고 할 수 있음

제품 A는 본 특허를 침해함

청구항 1항과 청구항 2항의 모든 요소가 제품에 있으므로 청구항 1항과 청구항 2항을 모두 침해함

제품 B는 본 특허를 침해하지 않음

청구항 1의 구성 요소 ④가 제품에 없으므로 가이드부 조성이 동일함에도 어느 청구항도 침해하지 않음

제품 C는 본 특허를 침해함

가이드부 조성은 다르나 청구항 1항의 구성 요소를 모두 포함하므로 청구항 1항을 침해함

**<그림 1-11> 독립항의 해석과 침해 판단**

## 종속항의 해석과 침해 판단

독립항을 침해한다고 판단된 경우에만 그 독립항의 종속항을 검토하면 된다. 종속항은 해당하는 **독립항을 만족하는 것을 전제로 하므로, 독립항을 침해하지 않는데 종속항만 침해하는 경우는 없다.**

다음 그림 1-12에 예시된 청구항 2항은 가이드부가 PTFE를 30~50%를 함유하는 모든 위험물 보관 장치를 청구하는 것이 아니라, 청구항 1항의 모든 요건을 만족하는 위험물 보관 장치에서 가이드부의 성분이 PTFE를 30~50% 함유하는 경우를 청구하는 것이다. 청구항 2항을 풀어쓰면 다음과 같이 길어진다. 청구항의 구성요소가 많아질수록 권리는 더 좁아진다.

**청구항 1항**

상부에 주입구가 형성된 저장 용기, 상기 저장 용기에 연장되어 형성된 중공의 가이드부, 상기 가이드부의 단부에 마련되어 저장 물질을 배출하기 위한 다수의 배출공이 형성된 노즐부, 저장 용기의 측면에 마련된 진동 장치를 포함하는 위험물 보관 장치에 있어서, 상기 가이드부는 만곡 또는 절곡 되는 것을 특징으로 하는 위험물 보관 장치

**청구항 2항**

제 1항에 있어서,
상기 가이드부는, PTFE를 30~50% 함유하는 것을 특징으로 하는 위험물 보관 장치

**청구항 2항**

상부에 주입구가 형성된 저장 용기, 상기 저장 용기에 연장되어 형성된 중공의 가이드부, 상기 가이드부의 단부에 마련되어 저장 물질을 배출하기 위한 다수의 배출공이 형성된 노즐부, 저장 용기의 측면에 마련된 진동 장치를 포함하는 위험물 보관 장치에 있어서, 상기 가이드부는 만곡 또는 절곡 되는 것을 특징으로 하며

상기 가이드부는, PTFE를 30~50% 함유하는 것을 특징으로 하는 위험물 보관 장치

**<그림 1-12> 종속항의 해석**

# 특허 소송 발생 가능성 판단

수십억의 투자가 예정된 우리 회사 제품에 관한 경쟁사의 특허를 분석한 결과, 특허권이 유효하고 우리의 제품은 경쟁사의 특허를 침해하고 있었다. 사업팀장은 매우 심각하게 사업 포기를 고민하고 있다. 나의 연구팀이 수년간 고생한 보람이 모두 사라지게 될 판이다. 이대로 물러날 것인가?

상대방의 특허 공격에 맞설 수 있는 무기가 나에게도 있을 수 있다. 이미 경쟁사를 공격할 수 있는 당사의 특허를 알고 있다면, 이를 바탕으로 상황을 판단하고 전략을 세울 수 있을 것이다.

나에게 어떤 무기가 있는지 모른다면 확인해야 한다. 경쟁사를 공격할 특허가 있는지 확인하는 방법은 우리 회사 특허의 청구항의 구성 요소와 경쟁사의 제품을 비교하는 것이다. 우리 회사 특허의 청구항의 모든 구성 요소가 경쟁사의 제품에서 발견되면 경쟁사를 공격할 수 있는 특허가 된다.

그림 1-13은 압전체를 이용한 무선 마우스에 관한 우리 회사의 특허로 경쟁사를 공격할 수 있는지 분석한 것이다. 청구항 1항의 구성 요소인 버튼, 압전체, 충전부, 제어부가 모두 경쟁사의 제품에서 발견되므로 우리 회사는 이 특허로 경쟁사를 공격할 수 있다. 첨가제 함량이나 구동 방법 등 제품을 보고 알 수 없는 기술은 경

쟁사 제품을 역공학 설계(reverse engineering)하여[17] 우리 회사의 특허 기술을 사용하고 있는지 분석한다. **경쟁사가 사용하지 않는 특허는 공격이나 방어 용도로 활용될 수 없다.**[18]

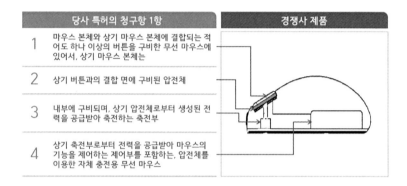

| 당사 특허의 청구항 1항 | | 경쟁사 제품 |
|---|---|---|
| 1 | 마우스 본체와 상기 마우스 본체에 결합되는 적어도 하나 이상의 버튼을 구비한 무선 마우스에 있어서, 상기 마우스 본체는 | |
| 2 | 상기 버튼과의 결합 면에 구비된 압전체 | |
| 3 | 내부에 구비되며, 상기 압전체로부터 생성된 전력을 공급받아 축전하는 축전부 | |
| 4 | 상기 축전부로부터 전력을 공급받아 마우스의 기능을 제어하는 제어부를 포함하는, 압전체를 이용한 자체 충전용 무선 마우스 | |

**<그림 1-13> 경쟁사를 공격할 수 있는 당사 특허의 구성**

분석 결과, 양사의 공격력이 유사하거나 당사가 비교 우위라면 상대방으로부터 공격을 당할 가능성이 크지 않다. 특허 분쟁을 제기하기 전에 상대방으로부터 공격받을 수 있는지 점검하는 것이 상식이며, 당사가 비교 우위에 있다면 공격을 받더라도 대응이 가능하기 때문이다.

--------------------------------

17 역공학 설계(Reverse Engineering)는 완성된 제품을 분석하여 제품의 기본적인 설계 개념과 적용 기술을 파악하고 재현하는 것으로서 설계 개념→개발 작업→제품화의 통상적인 추진 과정을 거꾸로 수행한다.

18 흔히 내가 개발한 기술에 대한 특허가 있으면 경쟁사의 특허 공격을 방어할 수 있을 것이라고 생각하나 항상 그렇지는 않다. 경쟁사의 특허를 내 제품이 침해할 경우, 경쟁사도 나의 특허를 침해할 때 상대방을 방어할 수 있는 힘이 생긴다. 나도 특허를 가지고 있다는 것만으로 방어할 수 있는 것은 아니다.

요
약

▼

관련 기술 분야에 특허가 있다고 해도 항상 치명적
으로 위험한 것은 아니다. 우선 특허의 권리가 유
효한지 살펴보고 유효한 등록 특허의 청구항을 분
석하여 위험 여부와 심각성을 판단한다. 위험이 감
지되었다면 2장에서 다루는 대응 방안을 따르면
된다.

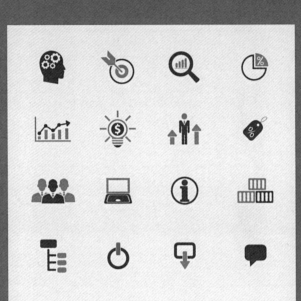

# 제2장

# 경쟁자의 위험한 특허:
# 대응 방안은 무엇인가?

강력한 무기를 가진 나라가 항상 전쟁에서 승리하는 것은 아니다. 지리적인 환경과 주변국과의 관계 등을 활용한 전략이 전쟁의 승패에 크게 영향을 주는 것처럼, 문제 특허에 대한 대응도 그 특허 자체를 피하려는 노력뿐 아니라 특허의 주변 정황을 잘 살펴서 적합한 전략을 찾아야 한다. 대응 전략을 철저히 수립하다 보면 어느새 위험이 감당할 수 있을 만큼 작아졌거나 아예 위험이 제거될 수도 있다.

# 위험한 특허가 있으면
# 사업을 할 수 없다?

리튬이차전지는 현재 국내 기업들이 세계 시장을 주도하고 있는 분야이다. 그러나 초기에 선진 업체들의 위협적인 특허 때문에 사업에 대한 우려가 높았다. 리튬이차전지뿐 아니라 대부분의 사업에서 위험한 특허들이 발견되곤 한다. 이 중에는 대응 방안이 없는 원천 특허도 있지만, 다각도의 대응 전략으로 위험을 줄여나가다 보면 처음에 막연히 생각했던 것보다 위험의 실체가 상당히 작아지는 경우도 많다.

위험한 특허에 대한 대응 전략은 다양하다. 특허 자체의 허점을 찾아 권리를 무력화하는 방법, 특허의 위험을 피하는 방법, 역으로 상대방을 공격하는 방법 등이 있다. 위험한 특허가 많다면 위험도에 따라 단계적으로 전략을 세울 수 있다. 분명한 것은 문제 특허가 있다고 해서 항상 그 특허가 완전무결한 것은 아니며 대응 방안이 전혀 없는 것도 아니라는 점이다.

2장에서는 위험한 특허에 대한 대응 전략을 기업의 입장에서 다각도로 살펴보기로 한다.

# 특허 분쟁 상황과 대응 전략 방안

우리 회사는 2년 전 새로운 시장에 진출하여 착실하게 시장 점유율을 높여가고 있다. 이런 속도라면 2~3년 이내에 시장의 20%를 점유할 것으로 예상된다.

그런데 경쟁사 (P)가 당사 제품이 (P)의 특허를 침해하고 있다고 주장하면서 침해 행위를 중지하지 않으면 소송을 제기하겠다는 내용의 경고장을 보내왔다. 대리인에게 검토를 의뢰한 결과, (P)의 특

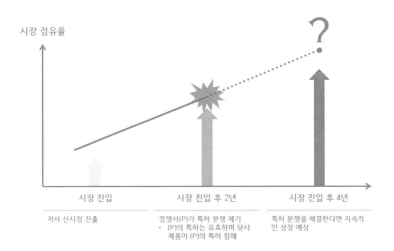

**<그림 2-1> 경쟁사가 특허 분쟁을 제기한다면?**

허(문제 특허)는 유효하며, 우리 회사 제품은 (P)의 특허를 침해한다는 의견을 받았다. (P)가 공격해 온다면 우리 회사의 사업은 막대한 피해를 입을 것으로 예상되어 대책 마련이 시급하다.

1장에서 제시한 방법으로 해당 특허가 명백히 위험한 것임을 확인하였다면 이제 다각도로 대응 방안을 검토해야 한다. 대응 방안은 크게 여섯 가지로 구분할 수 있다.[19]

| 방안 1 | 상대 특허권의 허점을 찾는다. | 무효화 |
| 방안 2 | 상대 특허권을 피한다. | 회피 설계 |
| 방안 3 | 나의 공격력을 키운다. | 유효 특허 확보 |
| 방안 4 | 제3자(공급자)에게 위험을 넘긴다. | 특허 보증 |
| 방안 5 | 특허 이외의 요소로 해결한다. | 비즈니스 협상 |
| 방안 6 | 특허에 대한 대가를 지불한다. | 라이선스 |

**<그림 2-2> 문제 특허 대응 전략 방안**

각 방안에 대해, 이것으로 문제 특허를 극복할 수 있는지 검토하는 것이 필요하다. 여섯 가지 방안을 모두 활용할 수도 있고 한두 가지 방안만이 적용 가능할 수도 있을 것이다. 그러나 한 가지 방안이 확실해 보여도 가능하면 두 가지 이상의 대응 전략을 마련하

---

19 타사로부터 경고장을 받거나 소송을 당했을 때 비침해, 즉 그 특허를 침해한 것이 아님을 주장하는 것도 중요한 대응 전략의 하나이나, 1장에서 이미 침해인지 여부를 분석하였으므로 2장의 논의에서는 제외한다.

**특허 전략**이
**미래를 바꾼다**

는 것이 바람직하다. 특허 침해 주장에 대한 대응에는 법적인 해석과 재판 과정의 변수 등이 존재하여 100%의 확실성을 기대하는 것이 어렵기 때문이다. 위 여섯 가지 방안을 차례로 설명한다.

# 1 경쟁자 특허권의 허점을 찾는다

첫 번째 대응 전략은 공격한 특허의 허점을 찾아 무력화하는 방법이다. 심사를 거쳐 등록된 특허도 완벽하지 않을 수 있다. 등록을 뒤집을 만한 증거와 논리를 제시하여 등록된 특허를 무효로 만들 수 있다.[20]

심사 과정에서 출원인의 절차상 명백한 잘못이나, 심사관의 실수 등 다양한 무효 사유가 있으나 주로 특허된 기술이 특허 출원 전에 이미 공개된 선행 기술과 동일하거나 유사하여 등록이 부당하다는 주장이 대부분이다.

선행 기술로 인한 특허 등록 무효를 주장하여 독립항을 무효화해도 그 독립항과 관련된 종속항까지 무효가 되는 것은 아니다. 종속항도 침해하고 있다면, 별도로 무효화 가능한지 살펴야 한다. 반면 선행 기술로 종속항을 무효화할 수 있다면 해당 독립항은 자동으로 무효가 된다. 독립항의 권리 범위가 종속항보다 넓기 때문이다.

---

20  등록된 특허를 무효화하는 절차를 '무효 심판'이라고 한다. 무효 심판은 특허청에 설치되어 있는 특허 심판원에서 다루며, 심판 결과에 대해서는 특허 법원에 항소할 수 있고, 특허 법원의 판결에 대해서는 대법원에 상고할 수 있다.

독립항을 무효화하는 것이 종속항을 무효화하는 것보다 쉽고, 종속항을 회피하는 것이 독립항을 회피하는 것보다 쉬우므로, 독립항에 대해서는 무효화, 종속항에 대해서는 회피 설계 전략으로 나누어 대응할 수도 있다.

기업이 특허 소송을 당하게 되면 경제적으로 매우 큰 피해를 볼 수 있으므로, 모든 가능한 수단을 동원하여 선행 기술을 조사해야 한다. 실제로 외국의 국회 도서관 등을 방문하여 온라인으로 조회되지 않는 문서의 세부 내용을 조사하기도 한다. 시간과 노력이 많이 투입된 만큼, 특허청의 심사 과정에서는 발견되지 않았던 선행 기술을 찾을 수도 있다.

선행 기술은 특허, 논문, 기술 자료, 제품 안내서 등 공개 시점을 명확하게 입증할 수 있는 것이면 어떤 것이어도 된다. 한국에서는 인터넷을 통해 공개된 것도 선행 기술이 될 수 있다. 특허의 경우, 문제 특허의 출원 이전에 공개된 것이라면 등록되지 않았더라도 선행 기술이 된다.

| 선행 기술의 시기적 제한 | 선행 기술 가능한 것 |
|---|---|
| 무효 시키고자 하는 특허의 출원일 이전에 공지·공개되어야 함 | 특허, 논문, 학회 자료, 기업 발행 자료, 서적, 제품 등 권리가 있고 없음에 관계 없음<br>공지 시점을 객관적으로 입증할 수 있어야 함 |

<그림 2-3> 선행 기술 요건

선행 기술은 신규성 부정을 위한 무효 자료와 진보성 부정을 위한 무효 자료로 구분되며, 각각 정해진 요건을 만족해야 등록된 특허를 무효화할 수 있다. '사례와 추가 설명' 부분에서 신규성과 진보성 무효 주장에 대해 설명한다.

# 2 경쟁자의 특허권을 피한다

두 번째는 문제되는 특허의 사정권, 즉 권리 범위를 벗어나도록 우리 회사 제품의 설계를 변경하여 위험을 피하는 방법이다. 이를 '회피 설계'라고 한다. 이미 문제되는 과거의 일은 어쩔 수 없더라도 장래의 위험을 근본적으로 없앨 수 있다. 문제 특허의 수가 제한적이고 **문제 특허의 권리 범위도 비교적 협소하여 용이하게 회피할 수 있는 경우에 활용할 수 있다.**

1장에서 살펴본 대로 특허를 침해한다는 것은 그 특허의 모든 구성 요소가 내 제품에 반영되어 있다는 의미이다. 따라서 구성 요소 중 하나만 다른 것으로 바꾸거나 제거해도 해당 특허에 대한 회피 설계가 된다. 그러나 구성 요소를 다른 것으로 변경하더라도 변경한 구성 요소가 특허의 구성 요소와 기능이나 작동 원리가 유사하다고 판단되는 경우, 즉 동일성 범주에 포함되는 경우 논란의 소지가 있다.[21]

상대방 특허의 구성에 새로운 구성 요소를 추가하여 회피 설계를

---

21 따라서 대체하고자 하는 구성 요소가 '나사'인 경우, 나사와 기능이나 작동 원리가 유사하다고 판단될 가능성이 있는 '못'으로 대체하기보다는 나사와 작동 원리가 상당히 다른 접착제로 대체하는 것이 더 안전하다.

하였다고 하는 경우를 보게 되는데 이는 잘못된 것이다. 새로운 구성 요소가 추가되어도 여전히 그 특허의 구성 요소를 전부 포함하게 되므로 침해 문제를 피할 수 없다.

**독립항에 대해 회피 설계하면 그 독립항에 종속된 종속항은 저절로 회피되므로 별도의 회피 설계가 불필요하다.**

특허 청구항의 구성 요소 개수가 적을수록 회피 설계가 어렵다. 즉 강력한 특허이다. 반면 매우 세부적인 요소를 많이 포함하고 있는 청구항은 상대적으로 용이하게 피할 수 있다.

주의할 점은 하나의 제품이나 기술에 다수의 특허가 존재하므로 하나의 특허에 대한 회피 설계가 다른 특허를 침해하게 될 수도 있다는 것이다. 문제 특허가 많아서 이 특허를 피하면 다른 특허에 걸리게 되는 경우에도 이 방안을 사용하기 어렵다.

대체로 회피 설계는 특허를 피하기 위해 구조, 소재, 공정 등을 바꾸는 것이므로 기존 설계에 비해 비효율이 발생하기 쉽다. 회피 설계를 위해 선택한 비싼 소재나 공정 때문에 제품의 경쟁력이 하락하게 된다면 회피 설계의 의미가 없다. 회피 설계는 기술 난이도, 경제성 등을 종합적으로 고려해서 추진해야 한다.

구체적인 회피 설계 방법을 '사례와 추가 설명' 부분에서 설명하였다.

# 3 나의 공격력을 키운다[22]

나도 상대방을 공격할 특허를 확보하여, 감히 상대방이 공격하지 못하도록 하거나 공격을 받아도 피해를 최소화하는 방안이다. 이 방안은 상대방도 제품을 생산하는 경우에만 활용할 수 있다.

특허는 종종 전쟁과 비유된다. 현실 세계에서 많은 국가들이 자국의 평화를 지키기 위해 군사력을 증강한다. 서로 힘이 유사하거나 내가 더 우월하다면 역공격을 우려하여 상대가 침입하지 않기 때문이다. 특허의 세계도 마찬가지다.

하나의 제품에 특허가 수십 개 혹은 수백 개 이상 존재하는 경우, 특허를 모두 무효시키고 회피 설계로 대응하는 것은 현실적으로 불가능하다. 경쟁사에 대적할 만한 특허 경쟁력을 갖춘다면 경쟁사의 특허 공격을 방지할 수 있고 발생한 경우에도 효과적으로 대응할 수 있다. 이 방안은 개별 문제 특허를 무효화하고 피하는 것이 아니라 나의 전투력을 높이는 것이므로 다수의 업체에 대응하는 전략이 될 수 있다.

---------------------------------

22  1장에서 이미 상대방이 위험한가를 판단하는 관점으로 일부 설명했다. 여기서는 대응 전략 관점으로 접근한다.

특허 경쟁력은 단순히 특허의 수를 의미하지는 않는다. 현재 또는 미래에 상대방에게 특허 분쟁[23]을 제기할 수 있는 유효 특허 수가 특허 경쟁력을 파악하는 데에 적합하다. 기업은 유효 특허를 확보하기 위해 노력해야 하며 자기가 이미 보유하고 있는 유효 특허를 파악하고 대응 전략을 수립하는 것도 중요하다.

경쟁사 (P)에 대응할 수 있는 유효 특허를 가지고 있는지를 알기 위해서는 경쟁사 (P)의 제품을 입수하여 어떤 기술을 쓰고 있는지 당사의 특허 청구항 구성 요소를 모두 포함하는지 분석해야 한다. 노력이 필요한 일이지만 경쟁사 (P)에 의한 특허 분쟁이 우려된다면 해야 한다.

검토 결과, 위험한 상대방에 대한 유효 특허가 없거나 수적으로 부족하다면, 유효 특허를 확보해야 한다. 이러한 유효 특허는 상대방의 제품에 관한 것이므로 (P)에 대한 유효 특허가 항상 (Q), (R)에 대한 유효 특허가 되지는 않는다. 특허 분쟁을 일으킬 수 있는 특허를 가진 상대방이 많다면 전략 수립이 힘겨워진다. 따라서 대응 전략을 수립해야 할 경쟁사가 많다면 위험도가 높은 상대를 파악하여 우선순위에 따라 유효 특허를 확보할 필요가 있다.

다음 그림 2-4는 특허권자의 유형에 따른 특허 공격 가능성 및

---

23 특허 분쟁은 법정에서 다투는 소송, 심판뿐 아니라 주체 간에 특허를 이슈로 하는 법정 밖에서의 다툼도 포함한다.

자사 유효 특허를 이용한 대응 가능성을 정리한 것이다. 분쟁을 일으킨 특허권자에 대한 나의 역공격이 불가능하다면 유효 특허 확보를 통해 분쟁을 억제하거나 분쟁이 일어났을 때 피해를 줄이는 것은 불가능하다.

| 특허권자 유형 | 상대방 공격 가능성 | 역공격( counter claim) 가능 여부 |
|---|---|---|
| 사업을 철수한 기술력 높은 업체 | 높음 | 불가능 |
| 특허 해적 | 높음 | 불가능 |
| 대학, 연구소 | 중간 | 불가능 |
| 매출 차이가 매우 큰 안정적인 시장의 선두 업체 | 낮음 | 가능 (적은 수의 특허로도 가능) |
| 매출이 감소하고 있는 경쟁사 | 높음 | 가능 |
| 치열한 관계의 경쟁사 | 높음 | 가능 |
| 고객사 | 낮음 | 대부분 하지 않음 |
| 현재 비즈니스 관계 없는 부품·소재 업체 | 중간 | 보유 특허에 따라 |

<그림 2-4> 특허권자 유형에 따른 위험과 대처 방안

역공격이 불가능한 상대방은 대학이나 연구소, 사업을 철수한 업체, 특허 해적 등과 같이 제품을 생산하지 않고 특허권만 보유한 비실시 주체(NPE, non practicing entity)들이다. 이들은 나의 특허를 침해할 제품이 없으므로 나는 역공격할 수 없다. 따라서 NPE는 회피 설계, 무효화, 라이선스 등 훨씬 제한된 전략으로 대응해야 한다.[24]

--------------------------------

24 이러한 면에서 NPE의 특허는 위험도를 높게 다루어야 한다.

그렇다면 유효 특허 확보, 즉 나의 공격력을 높임으로써 대응할 수 있는 대상은 제품을 생산하거나 판매하는 업체들이다. 이들 중에서도 더욱 위험한 대상이 있다. 예를 들어, 2~3년 전까지 자타가 공인하는 시장 점유율 1위였으며 많은 특허를 보유하고 있는 업체가 최근 시장 점유율이 크게 하락하고 있다면 특허 소송을 감행하여 경쟁자를 압박함으로써 얻게 될 이익이 크다. 반면 시장에서 안정적인 선두를 지키고 있는 1위 업체나 고객사는 상대적으로 신규 진입자나 중소업체에 관대할 것이다. 그러므로 유효 특허 확보로 대응해야 할 1순위의 특허권자는 **매출이 감소하고 있는 선진 업체 그리고 치열한 경쟁 관계의 경쟁사이다.**

유효 특허를 확보하는 방법으로는 자체 기술 개발, 외주 개발, 특허 매입 등이 있을 것이다. 그러나 유효 특허 확보 전략의 단점은 시간이 걸린다는 것이다. 상대방이 쓸 수밖에 없는 특허 포인트를 찾아서 기술을 개발하고, 특허를 출원하여 권리화하는 데에는 1년 이상의 시간이 걸릴 것이다.

따라서 연구 개발 초기 단계에서부터 개발 제품과 관련된 선행 특허에 대한 심층적인 분석을 통해 해당 기술 분야에서 핵심·원천 특허를 누가 확보하고 있는지를 파악하고, 내·외부 환경에 대한 종합적인 분석을 통해 누가 핵심 경쟁사인지, 누가 특허 공격을 해올 가능성이 있는지, 누구와 협력 관계를 만들 것인지, 어떤 기술을 자체 개발하고 어떤 기술을 외부에서 도입할 것인지 등을 포함하여 연구 개발 계획을 수립하고 유효 특허를 확보하는 전략을 추진하는 것이 바람직하다.

만약 경쟁사 (P)의 매출이 당사보다 훨씬 크다면, (P)보다 훨씬 적은 유효 특허로도 효과적인 방어가 가능하다. 특허 실시료(royalty)[25]의 산정은 주로 매출액을 기준으로 하는 경우가 많으며, 상대방의 매출 규모가 클수록 동일한 수의 특허로 받아낼 수 있는 실시료가 더 크기 때문이다.[26]

------------------------------

25 타인의 특허 기술을 사용하는 경우, 특허권자로부터 허락을 받고 해당 특허의 사용료를 지불하는 방법이 있다. 이때 특허 기술의 사용료를 '실시료(royalty)'라고 한다.

26 자세한 내용은 7장의 '특허 공격이 두려운 후발 업체'에서 알아보기로 한다.

# 4 제3자(공급자)에게 위험을 넘긴다

당사[27] 제품을 구성하는 부품·소재에 대한 특허 분쟁이라면 공급 업체에 특허 보증을 요구할 수 있다. 향후 해당 부품이나 소재 때문에 침해 주장이나 소송을 당할 경우 공급 업체 측에서 책임을 지겠다는 각서를 받아 만약의 위험에 대비하는 것이다.

부품·소재 업체가 완성품 업체에게 침해 주장을 하는 경우가 있을지 의문을 가질 수도 있다. 그러나 강력한 특허를 보유한 부품·소재 업체는 사업을 확장하기 위해 종종 완성품 업체에 자신의 특허권을 주장하면서 실시료를 요구하거나 다른 공급 업체를 배제할 것을 요구한다.

부품·소재를 구매하여 사용하는 완성품 제조 업체는 부품·소재 자체에 관한 특허가 없는 경우가 많다. 따라서 역공격 대응이 어렵고, 개발 경험이 없고 기술과 특허 동향을 깊게 알지 못하므로 무효화나 회피 설계도 쉽지 않다. 반면, 부품·소재 업체끼리는 상호간 역공격 대응이 가능하고 회피 설계도 할 수 있으므로 완성품 업체

---

27 이때 당사는 완성품 업체거나, 중간품 업체가 될 수 있으나 편의상 완성품 업체로 설정하여 설명하였다.

보다 상대적으로 대응이 용이할 수 있다.

그러나 부품·소재 업체로서는 실체를 알 수 없는 상당한 위험을 떠안는 것이 되므로 특허 보증을 거부할 가능성이 있다. 대체할 수 있는 업체가 있다면 문제가 없겠지만 여러 가지 상황으로 보아 업체 교체가 불가능하다면 문제되는 특허를 특정하여 특허 보증을 요구할 필요가 있다. 불특정 다수의 특허가 아닌 몇몇 특허로 좁혀서 공급 업체의 부담을 줄이는 것이다.

완성품 업체는 부품·소재 특허 문제가 발생하지 않도록 하기 위해서, 공급받는 부품·소재에 대한 특허를 보유한 공급 업체를 선정하는 것이 바람직하다.

한편, 부품·소재 업체의 입장에서는 완성품 업체의 특허 보증 요구에 대해 책임의 한계를 명확히 하는 것이 필요하다. 완성품 업체가 입은 모든 피해나 완성품 판매액을 기준으로 피해액을 산정하면 부품·소재 업체가 판매한 총액의 수십, 수백 배의 손해를 떠안는 상황이 초래될 수 있다.

# 5 특허 이외의 요소로 해결한다

특허 문제에 대한 입장 차이가 좁혀지지 않고 특허 협상에 진전이 없을 때는 비즈니스 이슈를 개입시켜 해결책을 찾는다. 특허 부품·소재 업체가 제기한 특허 분쟁은 비즈니스 확대 등이 목적일 수 있으므로 제품 구매 등의 카드를 제시하여 특허 문제를 해결할 수도 있을 것이다.

예를 들어, 핵심 특허를 가진 소재 업체가 실시료 3%를 요구하고 완성품 업체는 실시료 0.5% 이상은 낼 수 없다고 맞서는 경우, 완성품 업체 (P)는 소재 업체(을)로부터 전체 필요량의 30% 이상을 구매하고 점차 구매량을 늘리는 조건으로 실시료를 낮출 수 있다. 완성품 업체는 구매 조건으로 공급받을 소재의 성능이나 기타 특성의 기준을 제시함으로써 원하는 품질의 소재를 공급받으면서 특허 실시료를 낮추는 효과를 거둘 수 있으며, 소재 업체 입장에서도 상당한 물량의 판매처를 확보하게 되어, 양쪽 모두에게 이익이 되는 해결 방안이 된다.

# 6 특허에 대한 대가를 지불한다

상대방의 특허를 침해하는 것이 명백하고 무효, 회피 설계, 역공격, 비즈니스 협상 등으로 대응하는 것이 불가능하거나 불충분하다면 특허권자와 라이선스 계약을 맺는 수밖에 없다. 라이선스의 조건과 비용은 계약마다 다르고 협상력에 크게 좌우되므로 전문가를 참여시키는 것이 바람직하다.

특허 전문 인력을 수백 명 보유하고 있는 국내 대기업의 연간 특허료 지출이 1조 원 수준이라고 한다. 준비하고 또 준비해도 피할수 없는 상황이 실제 비즈니스 환경에서 발생한다. 특허 분쟁과 이에 따른 비용 지출이 예상된다면 이를 경영 계획에 반영시켜서 준비금을 마련해 둘 필요가 있다. 계획에 없는 큰 지출은 회사 운영에 타격을 주기 때문이다.

## 특허 무효화를 위한 선행 기술 자료

등록된 특허가 무효로 되는 사유는 여러 가지이나, 가장 일반적인 사유는 상대방 특허의 출원일[28] 이전에 공개된 기술, 즉 선행 기술을 찾아 상대방의 특허가 독점 배타적 권리를 인정받을 만한

| | |
|---|---|
| **신규성 무효** | 상대방 특허 청구항의 모든 구성 요소가 하나의 선행 기술 자료에 명시되어 있다면 선행 기술과 동일하다는 이유, 즉 **신규성이 없다**는 이유로 그 특허를 무효화하는 것이 가능하다.<br>➤ 구성 요소가 모두 언급되었는지 **객관적 판단** |
| **진보성 무효** | 상대방 특허의 청구항의 구성 요소의 **일부가 하나의 선행 기술 자료에 명시**되어 있고 나머지는 동일한 선행 자료에 언급되지 않은 경우, 신규성이 아니라 **진보성 무효를 주장**해야 한다.<br>• 선행 기술 자료에 명시되어 있지 않은 구성 요소가 **그 기술 분야의 전문가가 쉽게 생각할 수 있는 경우** 진보성이 없다는 이유를 들어 그 특허의 무효를 주장할 수 있다.<br>• 또는 청구항 구성 요소가 2개 이상의 선행 기술 자료에 나뉘어 명시되어 있다면 **선행 기술의 조합이 용이**하다, 즉 진보성이 없다는 이유로 무효화하는 방법이 있다.<br>➤ 한 개의 자료로부터 쉽게 유추할 수 있는지, 두 개의 자료를 조합하여 유추하는 것이 용이한지 **주관적 판단** |

**<그림 2-5> 선행 기술에 의한 특허 무효화**

---

28 특허 출원을 하고, 출원된 기술의 내용을 보완하여 1년 이내에 다시 출원하는 경우가 있다. 이때 첫 번째 출원의 출원일을 '우선일'이라고 하고, 뒤의 출원을 '우선권 주장 출원'이라 한다. 문제 특허가 우선권 주장 출원으로 특허가 된 것이면, 출원일이 아니라 우선일이 기준이 된다.

가치가 없다고 주장하는 것이다.

기술 내용이 유사하다고 해서 무조건 특허를 무효로 할 수 있는 선행 기술이 되는 것은 아니다. 신규성 무효, 진보성 무효 요건을 충족해야 한다.

신규성 무효를 주장하기 위해서는 상대방 특허의 청구항의 모든 구성 요소가 하나의 선행 기술 자료에 명시되어 있어야 한다. 청구항의 구성 요소 중 일부가 하나의 선행 기술 자료에 명시되어 있고 다른 구성 요소는 쉽게 유추 가능하거나 나머지 구성 요소가 다른 선행 기술 자료에 언급되어 있는 경우에는 진보성 무효를 주장할 수 있다.

**신규성은 선행 기술과의 동일성 여부를 객관적으로 판단하는 것인 데에 비해, 진보성의 판단은 주관성이 강하다.** 공개된 일부 구성 요소로부터 다른 구성 요소를 유추하는 것, 2개 이상의 선행 기술을 조합하는 것이 용이한지 여부는 판단하는 사람에 따라 달라질 수 있기 때문이다. 따라서 불확실한 진보성 무효 자료보다는 신규성 무효 자료를 확보하는 것이 바람직하다.

예컨대, 다음 그림 2-6과 같이 모든 구성 요소가 하나의 선행 기술 자료 A에 나타나 있는 경우, 선행 기술 자료 A는 특허를 무효화하기 위한 유력한 증거가 될 수 있다.

기술이 유사해 보여도 그림 2-6의 선행 기술 자료 B와 같이 문제 특허의 청구항의 구성 요소 하나 이상이 선행 기술 자료에 명시되어 있지 않은 경우가 있다. 이때는 문제 특허가 선행 기술로부터 신규성이 없다는 이유로 무효화하는 것은 불가능하다. 선행 기술 자료에 명시되지 않은 구성 요소가 그 기술 분야의 전문가가 쉽게 생각할 수 있었던 것이라면, 진보성이 없다는 이유를 들어 그 특허의 무효를 주장할 수 있다.

다음 그림 2-6에서 선행 기술 자료 B, 선행 기술 자료 C와 같이 각각은 신규성 무효 자료가 될 수 없으나 2개의 선행 기술 자료를 종합하면 특허의 구성 요소가 모두 나타나 있는 경우가 있다. 이들은 진보성 무효 자료가 될 수 있다.

그러나 문제 특허 청구항의 모든 구성 요소가 2개 이상의 선행 기술 자료에 나타나 있다고 해서 무조건 그 특허의 진보성이 없다고 할 수 있는 것은 아니다. 이때는 2개 이상의 선행 기술에 나타난 구성 요소를 조합하는 것이 용이하였는지에 대한 판단이 필요하다.[29]

강력한 선행 기술 자료를 찾았다고 해도 그것으로써 특허가 저절로 무효로 되는 것은 아니다. 특허의 무효화는 합법적인 절차를 거

29 2개 이상의 선행 기술의 조합으로부터 진보성이 부정될 수 있는지에 대한 판단은 쉽지 않으며, 사전에 무효 심판의 결과를 예측하기도 어렵다. 따라서 해당 기술 분야 관련 판단 사례, 즉 무효 심판과 법원의 판결례 등에 대한 자세한 검토를 거쳐 전문가와 함께 대응 전략을 수립하는 것이 바람직하다. 일반적으로 2개의 선행 기술 조합보다 3개 이상의 선행 기술을 조합하여 발명하는 것이 더 어려우므로 3개 이상의 선행 기술 조합으로부터 대상 특허의 진보성이 부정되는 사례는 많지 않다.

처 인정된 권리를 부정하는 것이므로 무효 심판을 통해야 한다. 이때 진보성 무효 판단은 신규성 무효 판단에 비해 주관성이 상대적으로 높으므로 결과를 예측하는 데에 어려움이 있다.

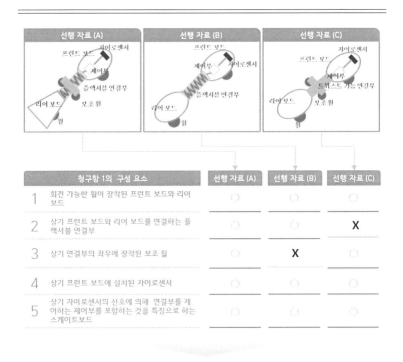

| 청구항 1의 구성 요소 | | 선행 자료 (A) | 선행 자료 (B) | 선행 자료 (C) |
|---|---|---|---|---|
| 1 | 회전 가능한 휠이 장착된 프런트 보드와 리어 보드 | ○ | ○ | ○ |
| 2 | 상기 프런트 보드와 리어 보드를 연결하는 플렉서블 연결부 | ○ | ○ | X |
| 3 | 상기 연결부의 좌우에 장착된 보조 휠 | ○ | X | ○ |
| 4 | 상기 프런트 보드에 설치된 자이로센서 | ○ | ○ | ○ |
| 5 | 상기 자이로센서의 신호에 의해 연결부를 제어하는 제어부를 포함하는 것을 특징으로 하는 스케이트보드 | ○ | ○ | ○ |

선행 자료 A에는 청구항 1항의 모든 구성 요소가 이미 공개되어 있으므로 **선행 자료 A는 해당 특허 청구항 1의 신규성 무효 자료이다.**

선행 자료 B에는 청구항 1항의 구성 요소가 모두 공개되어 있지 않으므로 **선행 자료 A는 해당 특허 청구항 1의 신규성 무효 자료가 아니다.**

선행 자료 B와 선행 자료 C 각각에는 청구항 1항의 구성 요소 중 일부가 공개되어 있고 선행 자료 B와 선행 자료 C를 종합하면 청구항 1항의 구성 요소 모두가 나타나 있으므로 **선행 자료 B와 선행 자료 C는 해당 특허 청구항 1의 진보성 무효 자료가 될 수 있다**

<그림 2-6> 신규성 무효, 진보성 무효 예시

## 청구항 회피 설계 방법

회피 설계는 위협이 되는 특허가 있을 때 내 제품의 설계를 바꿔서 위협이 되지 않도록 하는 방법이다. 문제 특허 청구항의 구성 요소 중 하나 이상을 나의 제품에서 삭제하거나 대체하면 된다.

다음 그림 2-7은 그림 2-6에서 예로 들었던 스케이트보드 특허의 청구항에 대한 회피 설계를 보여준다. 회피 설계안 1에서는 자이로 센서와 제어부를 리어 보드에 설치하여 문제 특허의 구성 요소 ④인 '상기 프런트 보드에 설치된 자이로센서'에 해당하지 않도록 하였다. 회피 설계안 2는 문제 특허의 구성 요소 ③인 보조 휠을 제거하고, 자이로센서가 연결부만 제어하도록 하여 구성 요소 ⑤에도 해당하지 않도록 한 것이다.

이와 같이 문제 특허의 청구항 구성 요소 중 한 가지 이상을 배제하면 그 특허 청구항의 권리 범위에서 벗어나므로 그림 2-7의 회피 설계안은 모두 해당 청구항으로부터 안전하다.[30]

---

30 반대로, 특허를 출원할 때는 회피 설계가 쉽지 않도록 해야 한다. 핵심 기술 요소만 포함되도록 하고 회피가 용이한 부가적인 요소는 독립항에 포함시키지 말아야 한다. 나의 권리 설계에 대한 내용은 3장, 4장에서 살펴본다.

**특허 전략**이
**미래를 바꾼다**

| 경쟁사 특허의 청구항 1항 | | 현재 당사 제품 | 회피 설계안 1 | 회피 설계안 2 |
|---|---|:---:|:---:|:---:|
| 1 | 회전 가능한 휠이 장착된 프런트 보드와 리어 보드 | ○ | ○ | ○ |
| 2 | 상기 프런트 보드와 리어 보드를 연결하는 플 렉서블 연결부 | ○ | ○ | ○ |
| 3 | 상기 연결부의 좌우에 장착된 보조 휠 | ○ | ○ | **X** |
| 4 | 상기 프런트 보드에 설치된 자이로센서 | ○ | **X** | ○ |
| 5 | 상기 자이로센서의 신호에 의해 연결부와 보 조 바퀴를 제어하는 제어부를 포함하는 것을 특징으로 하는 스케이트보드 | ○ | ○ | **X** |

경쟁사 특허 청구항 1의 모든 요 소를 구비하여 경쟁사 특허 침해

자이로센서를 리어 보드에 장착하 여 경쟁사 특허 청구항 1의 구성 요 소 '4'를 회피 설계

보조 바퀴를 제거하고, 자이로센서 로 연결부만 제어하여 경쟁사 특허 청구항 1의 구성 요소 '3'과 구성 요소 '5'를 회피 설계

**<그림 2-7> 청구항 구성 요소와 회피 설계 예시**

이제 각 전략이 활용되는 상황의 사례를 살펴보자.

 **다양한 특허권자가 보유한 다수의 문제 특허가 있을 때 대응 전략 수립 방안**

경쟁사 제품과 기술을 벤치마킹하여 기술 개발 방향을 설정하였다. 경쟁사 기술을 참조하였으므로 특허 침해 문제가 우려된다. 경쟁사 특허의 청구항을 면밀히 분석한 결과, 시장 점유율 50%인 1위 (P)의 특허 3건, 시장 진출 초기 업체 (Q)의 특허 4건, 사업 포기 업체 (R)의 특허 2건, 공공 연구소 (S)의 특허 1건을 침해하고 있다. 대응 전략은?

그림 2-8과 같이 문제 특허 10건(모두 등록 유지 되고 있음)에 대해 특허 출원 국가를 확인하고, 회피 설계의 용이성과 무효화 가능성을 검토하였다. 7건의 특허에 대해서는 회피 설계가 용이하거나 신규성을 부정할 수 있는 무효 자료가 확보되었다. 반면, 6번, 8번 특허는 회피 설계가 어렵고 무효 자료도 확보되지 않았다. 3번 특허에 대해서는 진보성 무효 자료만 확보되었다. 진보성 무효 자료만으로는 무효화 가능성을 확신하기 어려우므로, 3번 특허에 대한 대응 방안은 아직 미흡하다.

대응 전략이 없거나 불확실한 3건의 특허에 대해서는 회피 설계나 무효화 이외의 대책이 필요하다. 특히 8번 특허의 특허권자는 사업을 하지 않고 있어서 유효 특허를 이용한 역공격이 불가능하다. 다행히 8번 특허는 일본에만 등록되어 있어서 일본에서 생산, 판매를 하지 않는 전략을 채택하였다. 사업 초기에는 한국과 미국, 유럽 시장만으로도 충분하다고 판단되었으며, 조사 결과 8번 특허의 권리 기간이 5년 남았으므로 5년 후 일본 시장에 진출하기로 결정하였다. 3번과 6번 특허에 대해서는 (P)와 (Q)를 각각 역공격할 수 있는 유효 특허를 확보하기로 하였다. 그러나 유효 특허를 확보하는 데는 시간이 걸리므로 특허 경쟁력이 (P)나 (Q)와 유사한 수준에 이르는 시점까지는 특허 분쟁에 대비하기 위한 비용을 경영 계획에 반영하였다.

권리의 잔존 기간도 전략 수립 시에 고려해야 하는 중요한 요소이다. 출원일부터 20년인 특허 권리 존속 기간이 2~3년 남았다면 개발 기간에 따라서 회피 설계나 무효 자료 확보 없이 사업을 추진해도 무방할 수 있다.

| 특허권자 | 특허 | 출원 국가 | 회피 설계 용이성 | 무효 가능성 | 대응 전략 |
|---|---|---|---|---|---|
| (P)<br>1위 업체 | 특허 1 | KR, JP, US | 용이함 | 없음 | 회피 설계 |
| | 특허 2 | KR, US | 용이함 | 없음 | 회피 설계 |
| | 특허 3 | KR, US | 어려움(고비용) | 진보성 무효 자료 확보 | ? |
| (Q)<br>신규 진입 업체 | 특허 4 | KR, JP, US, EP | 용이함 | 없음 | 회피 설계 |
| | 특허 5 | KR, JP, US, EP | 용이함 | 신규성 무효 자료 확보 | 회피 설계<br>무효화 |
| | 특허 6 | KR, JP, US, EP | 어려움 | 없음 | ? |
| | 특허 7 | KR, JP, US, EP | 어려움 | 신규성 무효 자료 확보 | 무효화 |
| (R)<br>사업 포기 업체 | 특허 8 | JP | 매우 어려움 | 없음 | 일본 제외 |
| | 특허 9 | KR, JP, US, EP | 용이함 | 진보성 무효 자료 확보 | 회피 설계 |
| (S)<br>공공 연구소 | 특허 10 | KR, JP, US, EP | 용이함 | 진보성 무효 자료 확보 | 회피 설계 |

**<그림 2-8> 회피 설계와 무효화 난이도를 반영한 전략 수립**

**침해 경고를 받은 문제 특허 1건에 대한
다각도의 대응 전략 수립**

핵심 소재 X의 제조 업체 (P)가 자신의 특허를 침해한다는 경고장을 보내왔다. 검토 결과, (P)의 특허는 핵심 소재 X를 제품에 사용하는 것에 대한 포괄적인 권리이다. 현재 당사는 (Q) 업체의 제품을 70%, (R) 업체의 제품을 30% 사용하고 있다. 이유는 (P)의 제품에 비해 (Q)과 (R)의 제품이 우수하기 때문이다.

(P)의 특허에 대한 대응 전략을 모두 검토해 보았다.

첫 번째, 특허를 무효화하기 위해 선행 기술 자료를 조사하였다. 두 개 이상의 선행 기술을 결합해야 대상 특허의 특허성을 부정할 수 있는 진보성 선행 기술 자료만 확보되었다. 무효화 전략만으로는 안심할 수 없는 상황이다.[31]

두 번째, 회피 설계를 검토하였다. 특허의 범위를 벗어나는 X' 물질로 변경해도 유사한 성능을 확보할 수 있을 것으로 기대되었다. 그러나 최적화하고 신뢰성을 확보하는 데 최소 1년의 기간이 소요될 것으로 판단되었다. 회피 설계 완료 이전에는 다른 대응 전략이 필요하다.

세 번째, (P)를 위협할 만한 유효 특허가 있는지 분석하였다. 불행하게도 이러한 특허를 보유하고 있지 않았으며 앞으로도 자

---

31 이미 설명한 바와 같이 진보성 무효는 주관적인 판단 영역에 속하므로 진보성 무효 자료를 확보했더라도 무효화가 될지 확신할 수 없다.

체적으로 확보하기는 어려울 것으로 보인다. 당사는 핵심 소재 X에 대한 기술을 전혀 보유하고 있지 않으므로 소재 회사인 (P)가 침해할 만할 특허를 만들어 낼 수 없다.

네 번째, 핵심 소재 X에 대한 특허 보증을 공급 업체인 (Q)와 (R)에 요청하였다. (Q) 또는 (R)이 (P)를 역공격할 수 있는 특허를 보유하고 있다면 공급 업체 간 특허 및 비즈니스 협상을 통해 문제 해결을 유도하여 고객사인 당사에 대한 특허 공격을 철회하고 향후에도 특허 분쟁을 일으키지 않는다는 약속을 받아 낼 수 있을 것이다.

다섯 번째, 소재 업체인 (P)의 특허 공격은 고객을 확보하는 것이 목적인 것으로 확인되었다. 품질 기준을 만족한다면 (P)의 제품을 일부 구매하는 것으로 분쟁을 종결시킬 수 있다. 진보성 선행 기술 자료를 확보하였다면 이를 근거로 특허권에 약점이 있음을 주지시키고 (P)의 소재를 구매하는 조건을 유리하게 만들 수 있다. (P)의 제품의 품질이 기준 이하라면, 최소 품질 기준을 제시하고 품질이 향상됨에 따라 구매량을 늘리는 등으로 협상할 수 있다.

여섯 번째, 핵심 소재 X에 대한 회피 설계, 특허 무효화, 특허 보증이 불가능하여 (P)에게 계속 휘둘리게 될 가능성이 있다면, (P)에 대항할 특허를 보유한 특허권자를 찾아 특허를 구매하거나 라이선스를 받는 방법도 고려할 수 있다.

종합하면, 완성품 업체는 유효 특허 확보 전략으로 소재나 부품을 공급하는 업체에 대응하는 것이 어려울 수 있다. 핵심 소재나 부품을 구매할 때는 사전에 특허 보증을 받거나 특허를 보유하고 있는 업체에서 구매하는 것이 바람직하다. 특허 분쟁이 이미 발생하였다면 제품 구매 등 비즈니스 관계를 통한 해결 방안을 다양하게 찾아보아야 한다.

다음 그림 2-9는 사례 2의 문제 특허 대응 전략을 종합한 것이다.

| 1 | 무효화 | 진보성 무효자료만 확보하였으므로 불충분 |
| 2 | 회피 설계 | X 대신 X'를 사용하는 것으로 설계 변경 가능하나 1년 소요 |
| 3 | 유효 특허 확보 | 당사는 소재에 대한 기술과 특허가 없어 (P)을 역공격 불가능 |
| 4 | 특허 보증 | (Q)이나 (R)에게 특허 보증 요구 가능 |
| 5 | 비즈니스 협상 | (P)로부터 핵심 소재 X를 일부 구매하여 해결 가능 |
| 6 | 라이선스 | X'에 대한 특허권자로부터 라이선스 확보 |

<그림 2-9> 사례 2의 문제 특허 대응 전략 종합

**사례 3** **독립항과 종속항의 침해 판단과 각각의 무효화·회피 설계
대응 전략 수립**

문제의 경쟁사 특허 한 건은 독립항 2개 종속항 5개로 구성되어 있다. 이 특허에 대한 대응 전략을 수립하는 방법은?

특허의 침해는 각 청구항마다 판단해야 한다. 7개의 청구항 중 하나의 청구항만 침해해도 그 특허를 침해하는 것이다. 따라서 복수의 청구항으로 구성된 특허는 모든 청구항에 대해 문제가 있는지 살피고 대응 전략을 수립해야 한다.

우선 대응 전략 수립이 필요한 청구항을 도출한다. 사례 3의 특허는 청구항이 7개인데 그림 2-10에 의하면 대응 전략을 수립해야 할 청구항은 청구항 1과 청구항 2뿐이다. 독립항인 청구항 4는 침해가 아니므로 그에 속한 종속항도 모두 침해가 아니다.

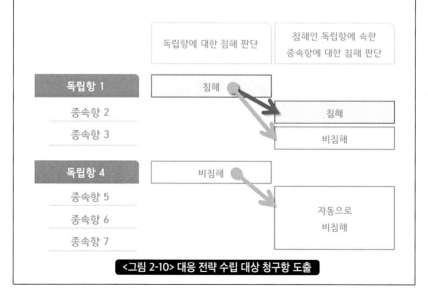

**<그림 2-10> 대응 전략 수립 대상 청구항 도출**

대응 전략을 수립해야 할 청구항을 정했다면, 무효화와 회피 설계를 검토한다. 권리 범위가 넓으면 무효화가 용이하고 회피 설계가 어렵다. 반면 권리 범위가 좁으면, 무효화가 어렵고 회피 설계가 용이하다. 따라서 종속항은 독립항에 비해 회피 설계가 용이하고 독립항은 종속항에 비해 무효화가 용이하다.

| | 무효화 | 회피 설계 |
|---|---|---|
| **독립항 1**<br><br>종속항 2 | ✓ 각 항에 대한 무효 자료를 찾아야 함<br>• 독립항에 대한 무효 자료를 찾아도 종속항이 저절로 무효가 되지 않음<br>• 반면, 종속항의 무효 자료는 해당 독립항의 무효 자료도 됨 | ✓ 독립항에 대해 회피 설계해야 함<br>• 독립항에 대해 회피 설계하면 종속항에 대해서는 저절로 회피 설계가 됨 |

**<그림 2-11> 침해인 독립항과 종속항의 무효화와 회피 설계**

요
약

상대방의 특허를 침해한다고 해서 반드시 문제가
발생하는 것은 아니다. 특허의 허점 찾기, 특허 피
하기, 라이선스 확보 등 다양한 대책을 세워 특허
분쟁을 방어하거나 협상에서 좀 더 유리한 위치를
확보할 수 있다. 하나의 대책을 세웠다고 안심하
지 말고 복수의 대응 방안을 마련해 놓는 것이 바
람직하다. 자연법칙과 달리 특허 분쟁의 결과는 주
장하는 논리와 상황에 따라 뒤집힐 수 있기 때문
이다.

# 특허 분쟁은 회사 VS 회사

(P)는 A 제품에 관한 참신한 기술을 개발하여 탄탄한 특허망을 구축하고 있다. 후발 업체인 (Q)는 A 제품을 모방하여 (P)의 특허를 침해하고 있다. (Q)에게는 A 제품에 관한 어떠한 특허도 없다면 (P)는 (Q)에게 특허권을 행사할 수 있을까? A 제품만을 놓고 보면 (P)가 (Q)에게 특허권을 행사하는 데에는 아무런 문제가 없다.

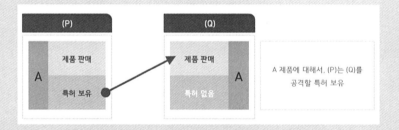

**<그림 잠깐!-1> 단일 제품에 대한 양사의 특허 공격력 비교**

그러나 다음 그림과 같이 (P)와 (Q)가 B 제품 시장에서도 경쟁 관계이며 (P)가 B 제품에 관한 (Q)의 핵심 특허를 침해하고 있다면 어떠한가? 대상 제품은 다르지만 (P)와 (Q)는 상대방의 특허를 침해하고 있는 상황이다. (P)가 특허권을 행사하여 (Q)를 자극했을 때 (Q)의 반격으로 더 큰 피해를 입을 수 있다면 A 제품에 관한 특허권을 행사하는 것은 바람직하지 않다.

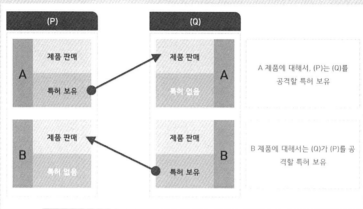

**<그림 잠깐!-2> 복수의 제품군이 있는 양사의 제품별 특허 공격력**

즉, 특허 분쟁은 해당 제품에 국한하지 말고 회사 대 회사로 넓혀서 파급력과 피해 정도를 고려하여 신중하게 결정해야 한다.

# 제3장

## 나의 특허: 충분히 강한가?

무기가 약하고 성벽에 구멍이 있으면 성을 지키기 어려운 것처럼, 특허권이 허술하면 개발한 기술을 지킬 수 없고 적의 공격을 효과적으로 방어할 수도 없다. 2장에서 특허 전쟁의 위험을 피하고 피해를 최소화하는 다양한 방법을 살펴보았다면, 3장에서는 나의 성을 지키기 위해 확보한 무기와 성벽이 충분히 강력한 것인지 진단해 보자.

# 특허가 있으면 마음 놓고 사업할 수 있다?

기술 중심 중소기업 사장님의 얘기다. 그는 사업을 시작하면서 특허만 확보하면 경쟁에서 이길 수 있다는 생각에 특허를 받기 위해 노력했는데 막상 특허를 받고 보니 사업에 별다른 도움이 되지 않았다고 한다.

대부분의 발명자들은 특허가 등록되면 내가 개발한 것을 제약 없이 독점적으로 사용할 수 있다고 생각한다. 그러나 그렇지 않은 경우가 많다. 대부분의 특허는 근본적으로 새로운 것이 아니라 남이 이루어 놓은 것을 이용하거나 개량한 것이다. 이 경우 나의 특허를 실시하면 본의 아니게 타인의 특허도 실시하게 된다. 즉, 타인의 특허를 침해하게 되어 나의 특허를 마음대로 활용할 수 없는 경우가 발생한다.

한편, 나의 특허권이 충분히 강하지 못해 다른 사람들의 모방을 제지하지 못하는 경우도 있다. 나의 특허 권리 범위가 협소하다면, 타인이 작은 변화를 도입하여 그 특허를 피해 사업을 할 수 있고 이에 대해 특허권자는 아무런 조치를 취할 수 없게 된다.

3장에서는 공들여 확보한 나의 특허에 허점이 없는지 진단해 본다.

# 특허가 나의 사업을 보호할 수 있는가?

  우리 회사는 독창적인 아이디어를 바탕으로 연구 개발을 거듭하여 신제품을 개발하고, 특허도 받았다. 이 제품에 관한 모든 권리는 나의 것이며 아무도 동일한 제품을 만들어 팔 수 없을 것 같았고, 제품 판매로 큰 수익을 올릴 것이라는 기대와 함께 시제품에 대한 고객의 반응을 조사하고 있었다.

  그런데 나의 기대는 크게 빗나갔다. 오히려 내가 특허를 침해하고 있다는 내용의 경고장을 받았다. 경고장을 보낸 상대방은 5년 전 등록된 특허를 가지고 있었다. 그러나 상대방의 특허는 내가 개발한 것과는 기술이 다르고, 나의 기술에 비해 초보 단계인 것으로 보인다.

<그림 3-1> 특허 침해 경고장은 왜 받은 것일까?

나도 분명히 특허를 등록받았고 그 내용으로 사업을 하려고 하는데, 무엇이 잘못된 것인가?

특허를 등록받았더라도 특허 기술을 내 맘대로 실시할 수 없거나 다른 사람의 사업을 막을 수 없는 경우가 있다. 이런 상황은 발명이 개량 기술이기 때문일 수도 있고 전략적으로 특허를 확보하지 못했기 때문일 수도 있다.

특허가 나의 사업을 보호하는 장벽이 될 만큼 강력한지 판단하려면 다음 2가지를 검토해야 한다.

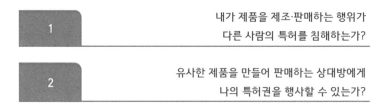

1    내가 제품을 제조·판매하는 행위가<br>다른 사람의 특허를 침해하는가?

2    유사한 제품을 만들어 판매하는 상대방에게<br>나의 특허권을 행사할 수 있는가?

<그림 3-2> 보유 특허가 있을 때, 확인해야 하는 사항

**특허 전략**이
**미래를 바꾼다**

# 1 내 특허 기술로 제조한 제품이 다른 사람의 특허를 침해하는가?

사람들은 등록된 특허가 있으면 그 특허 기술을 독점할 수 있다고 생각한다. 그러나 특허 기술을 항상 제약 없이 사용할 수 있는 것은 아니다. **특허가 있어도 먼저 출원된 특허를 침해할 수 있기 때문이다.**

**특허를 확보하였다는 것과 다른 특허를 침해하는 것은 전혀 별개의 관점이다.** 즉 특허를 확보한 기술로 사업을 해도 그와 유사한 다른 특허를 침해할 수 있고, 특허가 없어도 다른 특허를 침해하지 않으면 문제없이 사업을 할 수 있다.

발명이 다른 특허를 침해하는지 여부는 특허를 받을 수 있는지를 심사할 때 고려되지 않는다. 오히려 **특허 제도는 기술의 발전을 촉진하기 위해 선행 특허를 개량한 발명을 환영하고 하위 권리를 인정한다.** 따라서 넓은 범위의 선행 특허가 있어도 그 범위 안에서 효과가 월등하게 우수한 세부 기술[32]이나, 선행 기술에 새로운 요

----

32 이러한 발명을 '선택 발명'이라고 한다. 선택 발명은 선행 특허의 범위에 속하는 하위 개념에 해당하는 일부 구성을 채택한 발명이다. 선택 발명에 대해 특허를 받으려면 선행 특허와 질적으로 다른 효과를 갖는다거나 동일한 효과라도 양적으로 현저하게 차이가 있다는 것을 보여 주면 된다.

소를 부가한 발명[33]에 대해 특허를 받을 수 있다. 이러한 특허는 선행 특허의 권리 범위에 속하게 된다.

나의 특허가 이러한 개량 발명인 경우, 나의 특허를 실시하면 필연적으로 선행 특허도 실시하게 되므로, 의도하지 않게 선행 특허를 침해하게 된다.

이러한 위험을 사전에 알아내려면 나의 출원 시점 이전에 공개된 특허를 조사해야 한다. 선행 특허를 침해할 가능성을 판단하는 것이므로 특허권이 유효한 것만 대상이 된다. 선행 특허 침해 여부는 선행 특허의 청구항과 나의 특허 기술 중 내가 제품에 실제로 적용하려는 기술을 비교하여 판단한다. 구체적인 방법은 '사례와 추가 설명' 부분에서 설명한다.

나의 특허만 믿고 예상하지 못했던 위험에 빠지지 않기 위해서는 침해 관계가 성립하는 선행 특허가 존재하는지와 이러한 특허의 위험도를 사전에 분석하고, 대응 전략을 수립하는 것이 필요하다.

---

33 이러한 발명을 '이용 발명'이라고 한다. 이용 발명은 선행 발명의 구성 요소를 모두 포함하면서 새로운 구성 요소가 추가된 발명이다.

# 2 유사한 제품을 만들어 판매하는 상대방에게 나의 특허권을 행사할 수 있는가?

기술을 개발해도 남들이 쉽게 모방할 수 있다면 기술 개발의 실익이 없고 오히려 무임승차한 후발 주자들에게 시장을 내주기도 한다. 이러한 상황을 방지하기 위해서 기업들은 특허를 확보하여 기술을 독점하고자 한다. 그러나 실제로는 특허를 확보해도 경쟁사의 복제와 모방을 막을 수 없는 경우가 발생한다. 왜 이런 일이 발생하는지 정확히 이해해야 이러한 상황을 방지할 수 있다.

특허를 확보하면 특허 받은 기술을 20년 동안 특허권자나 특허권자에게 허락을 받은 자만 실시할 수 있다. 따라서 나도 특허를 확보하면 특허 받은 기술을 독점할 수 있다고 기대할 것이다.

그러나 앞서 타사의 특허권을 무효화하거나 회피 설계하여 특허 문제를 해결하는 방안을 살펴보았듯이 경쟁사들도 동일한 방법으로 나의 특허를 무력화하려고 시도할 것이 분명하다. 만약 경쟁사들이 별다른 희생과 노력 없이 손쉽게 내 특허의 권리 범위를 벗어날 수 있다면 나의 특허권은 경쟁자를 저지할 수 없으므로 나의 사업의 보호벽 역할을 할 수 없다.

특허의 권리 범위는 청구항에 명시되어 있으며 이를 벗어나면 특허권의 영향력이 미치지 않는다. 2장의 회피 설계에서 설명한 것처럼 청구항의 구성 요소 중 하나 이상을 사용하지 않거나 다른 것으로 대체하면 그 특허의 권리 범위에 속하지 않게 된다. 따라서 **청구항에 구성 요소가 많고, 각 구성 요소의 범위가 제한적이며, 쉽게 대체 가능하다면, 경쟁사는 그 특허를 피해 사업을 영위할 가능성이 크다.**

내 특허를 쉽게 피할 수 있는지 판단하려면 독립항의 구성을 살펴보아야 한다. 우선 독립항에 쉽게 벗어날 수 있는 협소한 구성 요소가 있는지 검토한다. 특허를 받기 위해 어쩔 수 없이 협소한 구성 요소를 부가한 것일 수도 있다. 그러나 개발한 기술을 묘사하는 과정에서 필요 이상으로 청구항을 협소하게 설계한 것이라면, 어렵게 개발한 기술을 남에게 공개만 하고 권리는 행사하지 못하는 상황이 될 수 있다.

살펴본 바와 같이 회피 설계가 손쉽다면 그 특허의 효용은 크게 감소한다. 따라서 경쟁자가 피할 수 없거나, 피하려면 경제성과 성능 등에서 비효율이 상당히 발생하는 정도의 강한 권리를 설계하는 것이 중요하다.

하나의 특허로 다양한 관련 기술을 포괄하는 권리를 설계하는 것이 현실적으로 어렵다면, 여러 건의 특허로 특허군을 형성하여 진입 장벽을 구축하는 특허 포트폴리오 전략이 필요하다.

## 사례와 추가 설명

### 선행 특허를 침해하는지 판단하는 방법

선행 특허를 찾았다면 물뿌리개 특허를 예로 들어 선행 특허에 대한 침해 여부를 판단하는 방법을 알아보자. 그림 3-3에서 선행 특허는 몸통부와 가이드부를 구성 요소로 하고 있고, 나의 발명은 몸통부, 가이드부, 노즐부로 되어 있다. 즉 선행 특허를 그대로 이용하고 새로운 요소인 노즐부를 부가한 것이다. 나의 특허 발명인 물뿌리개는 선행 특허의 구성 요소를 모두 가지고 있으므로, 나의 특허 발명을 실시하면 선행 특허를 침해하게 된다.

그림 3-4는 선행 특허의 범위에 속하는 세부 기술을 선택한 예이다. 선행 특허의 구성 요소 ②는 '중공의 가이드부'인데, 나의 특허 발명의 ②'는 가이드부 형상 중 월등한 효과를 보이는 '타원 형상의 중공의 가이드부'이다. '타원 형상의 중공의 가이드부'는 '중공의 가이드부'에 속하므로 이 경우에도 나의 특허 발명을 실시하면 선행 특허를 침해하게 된다.

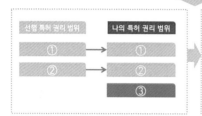

| ① | 상부에 주입구가 형성된 물이 저수되는 몸통부 |
| ② | 상기 몸통부에 연장되어 형성된 중공의 가이드부 |
| ③ | 상기 가이드부의 단부에 마련되어 물을 배출하기 위한 다수의 배출공이 형성된 노즐부 |

**<그림 3-3> 선행 특허를 침해하는 이용 발명**

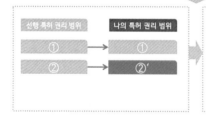

| ① | 상부에 주입구가 형성된 물이 저수되는 몸통부 |
| ② | 상기 몸통부에 연장되어 형성된 중공의 가이드부 |
| ②′ | 상기 몸통부에 연장되어 형성된 타원 형상의 중공의 가이드부 |

**<그림 3-4> 선행 특허를 침해하는 선택 발명**

그러나 그림 3-5에서는 선행 특허의 구성 요소 중 ③ 노즐부가 나의 특허에는 없다. 이 경우 나의 특허를 실시해도 선행 특허에 대한 침해가 되지 않는다.[34]

--------------------------------

34 그림 3-5에서 나의 특허에 선행 특허의 구성 요소 중 ①, ②만 포함되어 있고, 새로운 구성 요소인 ④가 없다면 선행 특허에 의해 거절될 수 있다. ④는 특허를 받기 위한 구성 요소, 즉 이 특허의 기술적 특징이지만, 선행 특허를 침해하는지 여부에는 영향을 미치지 않는다.

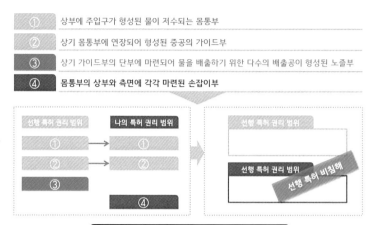

| ① | 상부에 주입구가 형성된 물이 저수되는 몸통부 |
| ② | 상기 몸통부에 연장되어 형성된 중공의 가이드부 |
| ③ | 상기 가이드부의 단부에 마련되어 물을 배출하기 위한 다수의 배출공이 형성된 노즐부 |
| ④ | **몸통부의 상부와 측면에 각각 마련된 손잡이부** |

<그림 3-5> 선행 특허를 침해하지 않는 발명

## 경쟁사가 나의 특허를 회피하지 못하게 하는 방법

다음 그림 3-6은 경쟁사가 나의 특허로부터 벗어나기 위한 회피 설계 가능성을 검토하는 과정을 나타낸 것이다. 특허 A처럼 다른 것으로 용이하게 바꿀 수 있는 구성 요소가 있다면 경쟁사는 손쉽게 나의 특허를 빠져나갈 수 있으므로, 나는 경쟁사의 제품 판매를 묵인할 수밖에 없게 된다. 그러나 특허 B는 회피 설계가 실질적으로 불가능하므로 경쟁사는 사업을 포기하거나, 특허권에 대한 기술료를 지불하게 됨으로써 사업에 타격을 받게 된다.

| 특허 A의 구성 | | 특허 A의 회피 설계 검토 | 특허 B의 구성 | | 특허 B의 회피 설계 검토 |
| --- | --- | --- | --- | --- | --- |
| 1 | a | 필수 | 1 | a | 필수 |
| 2 | b | 변경 가능, 어려움 | 2 | b | 변경 가능, 경제성 없음 |
| 3 | c | 대체 가능, 용이함 | | | |
| 4 | d | 생략 가능 | | | |

❖ 특허 A는 용이하게 대체할 수 있는 구성 요소 c와, 없어도 큰 지장이 없는 구성 요소 d가 있어 쉽게 회피 설계 가능

❖ 특허 B는 구성 요소 b를 변경하는 것이 유일한 회피 설계안이나 경제성이 없으므로 실질적으로는 회피 설계 불가능

**&lt;그림 3-6&gt; 필수 항목만으로 독립항을 구성해야 하는 이유**

이제 구체적인 사례를 들어 나의 특허가 나의 사업을 제대로 보호할 만큼 강력한지 판단하는 방법을 살펴보자.

### 사례 1 나의 발명보다 권리가 넓은 선행 특허가 있는 경우 (1)

나는 노트북 컴퓨터의 모니터와 본체 사이의 각도가 사용자가 원하는 대로 유지되도록 하는 독창적인 연결 부재 기술을 개발하여 특허 C를 등록받았다. 이 기술을 적용하여 사업을 할 경우, **나의 특허는 나의 사업을 보호하는 데에 충분한 장벽이 될 수 있을까?**

선행 특허를 조사해보니, 등록 유지 중인 선행 특허 A와 선행 특허 B가 발견되었다. 선행 특허 A는 모니터와 본체가 일체화된 노트북 컴퓨터의 기본 개념에 관한 것이며, 선행 특허 B는 연결 부재 a를 사용하는 노트북에 관한 특허이다.

선행 특허 A, 선행 특허 B, 나의 특허 C의 상대적인 권리 범위의 크기를 그림 3-7에 나타내었다. 3개의 특허 중 선행 특허 A의 권리 범위가 가장 넓으며, 선행 특허 B, 나의 특허 C의 순서로 권리 범위가 좁아진다. 구성 요소가 하나씩 추가될수록 권리 범위가 좁아지기 때문이다.

나의 특허는 선행 특허 A와 선행 특허 B의 청구항 구성 요소를 모두 포함하고 있으므로 나의 특허를 실시하면 선행 특허 A와 선행 특허 B를 모두 침해하게 된다. 따라서 선행 특허 권리자들의 허락 없이 나의 특허를 실시하면 이들로부터 특허 소송을 당할 수 있다.

앞선 특허가 있어도 그 부분 집합인 세부 기술에 대해 특허를 등록받을 수 있다. 그러나 부분 집합인 기술을 실시하면 전체 집합에 해당하는 선행 특허를 침해하게 되므로 이에 대한 해결이 필요하다. 즉, 등록이 가능한 것과 침해 문제가 있는 것은 별개이다.

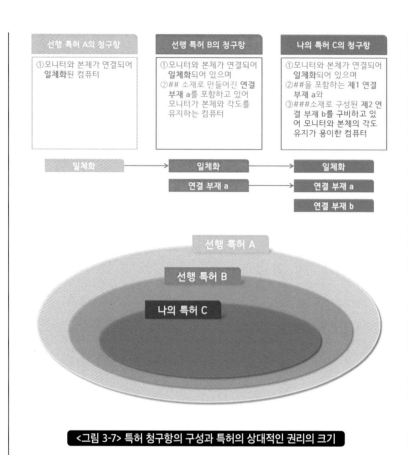

<그림 3-7> 특허 청구항의 구성과 특허의 상대적인 권리의 크기

---

**사례 2** **나의 발명보다 권리가 넓은 선행 특허가 있는 경우 (2)**

벤처 회사인 (Q)는 여러 가지 세라믹 물질에 대한 실험을 거듭하여 특정 세라믹 x로 만든 반응기가 가장 성능이 좋다는 것을 발견하였다. 사업 준비를 하는 한편, 특허를 출원하여 등록받았다. 세라믹 x로 만든 반응기를 제조하여 판매하는데 **특허 문**

## 제가 발생할 수 있을까?

선행 기술을 조사해보니 세라믹으로 만든 반응기에 대해 (P)의 등록 특허 A가 있었다. (P)의 특허는 세라믹으로 만든 모든 반응기에 관한 것이므로 특정 세라믹 x로 만든 (Q)의 특허 기술 B는 (P)의 특허 권리 범위에 속하게 된다. (Q)뿐만 아니라 다른 특허의 특정 세라믹 조성 y, z도 마찬가지이다.

세라믹으로 반응기를 만드는 한 어떤 세라믹 물질, 어떤 방법을 사용해서 만들어도 (P)의 특허에 대한 침해 문제를 피할 수 없다.[35] 따라서 (Q)의 특허를 실시하면 (P)의 특허를 침해하게 된다. (Q)가 자신의 특허를 이용하여 사업하려면 (P)의 허락을 받아야 한다. 허락 없이 사업할 경우 (Q)는 (P)로부터 침해 소송을 당할 수 있다.

다행히 특허권자인 (P)가 상대방의 침해를 감지하지 못하거나 감지하고도 문제를 제기하지 않을 수도 있다. 이런 요행만을 바랄 것인가?

---

35 이와 같이 피할 수 없는 기본 기술에 대한 권리를 가진 특허를 '원천 특허'라고 한다.

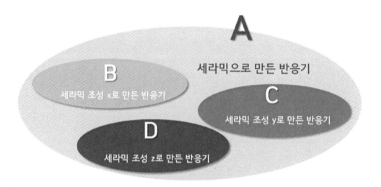

**<그림 3-8> 선택 발명과 상대적인 권리의 크기**

### 사례 3 나의 특허로 타사의 모방을 저지할 수 없는 경우

나의 회사 (P)에서 개발하고 특허를 확보한 광학 필름의 매출이 증가하고 있다. 그런데 대기업 (Q)에서 나와 유사한 제품을 만들어 팔고 있다. 광학 필름 시장이 성장하는 것을 보고 당사 제품을 벤치마킹하여 개발한 것이라고 한다. **나의 등록 특허로 특허 소송을 걸어 (Q)의 광학 필름 사업을 중지시키고 싶다. 가능할까?**

(Q)가 (P)의 제품을 보고 모방하였으며 (P)는 제품에 대한 등록 특허를 가지고 있다는 것만으로 (P)가 (Q)의 실시를 중지시킬 수 있을지 판단할 수 없다. (Q)의 제품이 (P)의 특허 청구 범위에 해당하는지를 분석해야 한다.

(P)의 특허 청구항의 구성 요소는 6개이다. (Q)의 제품 구성과 (P)의 특허 청구항 구성 요소를 상호 비교 분석한 결과, (P)의 특허 구성 요소 중 2개가 (Q)의 제품에 없거나 달랐으며, 한 가지 구성 요소인 가열 온도는 (Q)의 제품의 외형으로는 알 수 없는 공정 요건이다. 따라서 (Q)의 제품은 (P)의 특허를 침해하지 않는 것으로 판단되었고, 이 때문에 특허권자인 (P)는 자신의 제품을 모방한 (Q)의 시장 잠식에 대항할 수 없었다.

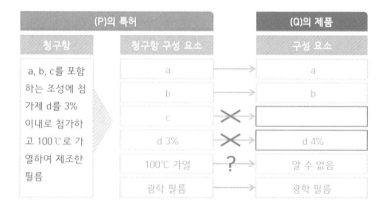

실제 발명 내용
a, b, c로 이루어진 조성에 첨가제 d를 3% 첨가하고 100℃로 가열하여 성능이 개선된 광학 필름을 제조함

| (P)의 특허 | | (Q)의 제품 |
|---|---|---|
| 청구항 | 청구항 구성 요소 | 구성 요소 |
| a, b, c를 포함하는 조성에 첨가제 d를 3% 이내로 첨가하고 100℃로 가열하여 제조한 필름 | a | a |
| | b | b |
| | c | |
| | d 3% | d 4% |
| | 100℃ 가열 | 알 수 없음 |
| | 광학 필름 | 광학 필름 |

**<그림 3-9> 타사 제품의 모방에 대해 특허권을 행사할 수 없는 특허**

(P)는 (Q)가 회피할 수 없는 넓은 범위의 특허를 확보할 수는 없었을까? (P)는 광학 필름 기술을 매우 초기에 확보하였고,

그 당시에는 선행 기술이 거의 없었다. 따라서 'a 및 첨가제 d를 1~5% 포함하는 광학 필름'으로 권리를 설계했어도 **등록되었을 것으로 판단되었다.** 만약 이렇게 등록되었다면 (P)의 특허 청구항의 구성 요소는 다음 그림 3-10에서 보는 것처럼 3개가 되고, (Q) 제품의 구성은 모두 (P) 특허의 청구항의 구성 요소에 해당하게 된다. 이 경우 (Q)의 제품은 (P)의 특허를 침해하므로 (P)는 (Q)에게 특허 침해 주장이나 소송을 걸 수 있었을 것이다.[36]

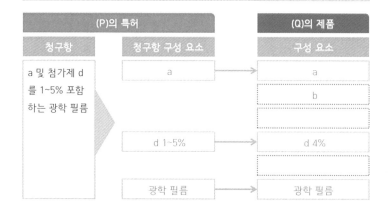

**<그림 3-10> 타사 모방 제품에 대해 특허권을 행사할 수 있는 특허**

---

36 후발 업체에 대해 효과적으로 권리 행사를 하기 위한 구체적인 방법에 대해서는 6장의 '나의 특허: 활용 목적에 적합한 특허를 확보했는가'에 설명하였다.

**허점 있는 특허권 행사의 위험**

(P)는 기술력과 특허를 바탕으로 시장을 독점하고 있다. 후발 업체 (Q)가 가격을 낮추어 시장을 잠식하면서 (P)는 시장 점유율이 절반으로 하락하였다. (P)의 경영진은 (Q)를 시장에서 퇴출시키고 다른 후발 업체의 시장 진입도 견제하기 위해 (Q)를 상대로 특허 침해 소송[37]을 제기하였다. (P)는 (Q)를 퇴출시키고 시장 장악력을 회복할 수 있을까?

소송을 당한 (Q)는 (P)가 공격한 등록 특허와 관련 선행 기술 자료(특허, 논문 등)를 면밀히 검토하였다. 그 결과 (P)의 특허 기술과 유사성이 높은 선행 특허를 발견하였다.[38] (P)의 특허 무효화 가능성에 대해 전문가와 함께 검토한 후, (P)에게 다음 2가지의 특허 심판을 제기하는 역공격을 감행하기로 하였다.

| 1 | (P)의 특허에 대한 무효 심판 | ▸ (Q)가 승소하면 (P)의 특허권이 무효되어 더 이상 권리를 행사할 수 없게 됨 |
|---|---|---|
| 2 | (Q)의 제품이 (P)의 특허 범위에 속하지 않는다는 소극적 권리 범위 확인 심판 | ▸ (Q)가 승소하면 (P)의 특허권이 (Q)의 제품에 미치지 않게 되므로 더 이상 권리를 행사할 수 없게 됨 |

**<그림 3-11> 피고(Q)의 역공격의 위험성**

------------------------------

37 일반적으로 특허권의 행사는 경고장 발송, 침해 금지 가처분, 침해 금지 청구, 손해 배상 청구 등의 방식으로 이루어진다.

38 일반적으로 특허권의 행사는 경고장 발송, 침해 금지 가처분, 침해 금지 청구, 손해 배상 청구 등의 방식으로 이루어진다.

심판 결과, (Q)가 제시한 선행 기술에 의해 (P)의 특허가 무효라는 판단이 내려졌고, (P)는 더 이상 특허에 의한 독점권을 주장할 수 없게 되었다. (Q)는 지속적으로 시장을 확대해 나갔으며 다른 업체들도 더 이상 특허 장벽이 없는 시장에 속속 진출하였다. 시장 선두 업체이던 (P)는 주도권을 잃고 시장에서 물러나게 되었다.

특허가 등록되었더라도 흠결이 있을 수 있다. 흠결이 있는 특허로 소송을 걸 경우, 상대의 역공격에 의해 가진 것을 모두 잃는 최악의 시나리오가 전개될 수 있다.

더욱이 (P)가 자신의 특허에 무효 사유가 있음을 알면서도 침해 소송을 제기하였다면 침해 소송으로 (Q)가 입은 손해를 배상해야 하는 상황이 생길 수도 있다. 따라서 특허 침해 소송을 감행할 필요가 있다면 먼저 전문가에게 의뢰하여 위험 발생 가능성과 대응 시나리오를 검토해야 한다.

## 요 약

등록된 특허를 기반으로 사업을 해도 다른 사람의 특허를 침해할 수 있으며, 회피 설계가 쉬워서 다른 사람들의 시장 진입을 막을 수 없는 상황이 발생할 수도 있다. 본격적인 사업에 앞서, 내 특허의 권리 범위는 어디까지이며 특허권이 충분히 강력한지, 더 넓은 선행 특허가 존재하지 않는지 검토해야 한다.

# 제4장

## 나의 특허:
## 넓은 권리를 설계하려면
## 어떻게 해야 하는가?

똑같은 재료를 사용해도 기술력과 인프라에 따라 성능이 다른 무기가 만들어진다. 마찬가지로 같은 발명을 권리화해도 전략과 내공에 따라 강력한 특허를 만들 수도 있고 비싼 휴지 조각을 만들 수도 있다. 따라서 청구항에 발명의 내용을 그대로 담는 것이 아니라 강력한 무기가 되도록 전략적으로 설계해야 한다. 그러려면 선행 기술을 알아야 가능하다.

# 내가 개발한 것을 충실히 반영하면
# 좋은 특허가 된다?

일본 업체가 당사 제품에 대해 특허 침해 경고장을 보내왔다. 침해 주장이 타당하여 무효화, 회피 설계, 역공격 등 다양한 대응 방안을 고민하였다. 그러던 중 일본 업체의 전극 구조가 당사의 특허와 매우 유사하다는 것이 확인되었고, 이에 당사의 특허를 이용한 '역공격' 전략의 활용 가능성이 검토되었다. 그러나 안타깝게도 일본 업체의 해당 기술은 양극에 관한 것이었고, 당사의 특허는 음극으로 한정되어 있어서 역공격 카드로 사용할 수 없었다.

우리 회사의 특허는 담당 연구원이 음극에 대해 실험하고 음극 관련 기술로 특허를 받은 것이었다. 그러나 이 기술은 양극과 음극에 모두 적용 가능한 기술로서 특별히 음극으로 한정할 필요가 없었다. 특허 출원 당시에는 관련 선행 기술도 없었으므로 '전극'으로 확장하여 권리를 설계했어도 특허를 받을 수 있었다. 그랬다면 이 특허는 침해 주장을 해 온 일본 업체에 대해 역공격 카드로 활용할 수 있었을 것이다.

이러한 아쉬운 상황을 방지하기 위해, 4장에서는 넓은 권리를 갖기 위한 전략적 권리 설계 방안을 설명하고, 끝으로 권리 설계 프로세스를 간단히 정리하기로 한다.

# 1 독립항의 권리를 제한하는 유형

누구나 좁고 한정적인 권리보다는 넓은 권리를 원한다. 넓은 권리를 가지려면 무엇보다도 발명이 우수해야 한다. 그러나 동일한 발명으로 강력한 특허를 만들 수도 있고 권리 범위가 매우 협소하여 누구나 피해갈 수 있는 쓸모없는 특허를 만들 수도 있다.

**권리 범위의 크기는 독립항에 의해 결정**된다. 종속항은 독립항이 정한 범위 내에서 세부적인 권리를 설계하는 것이다. 따라서 독립항을 최대로 설계하는 것이 무엇보다 중요하다. 물론, 등록받을 수 있어야 한다는 전제 조건 때문에 무조건 권리를 넓게 설계할 수는 없지만, 불필요하게 독립항을 축소시키는 것은 아닌지 문제의식을 가지고 살펴보아야 한다. 독립항의 권리를 좁히는 유형으로 다음 3가지를 들 수 있다.

## (1) 용도의 한정

4장 도입부에서 설명한 것과 같이, 다양한 제품이나 부품에 적용될 수 있는 기술임에도 용도를 독립항에 명시하게 되면 권리 범위를 불필요하게 축소시키는 결과를 가져온다.

예를 들어, 태양 전지 연구팀이 발명한 미세 전극 형성 기술을 출원하면서 특허의 청구 범위를 태양 전지용 전극 형성 기술로 한정하는 경우이다. 이렇게 되면 이 기술이 태양 전지뿐 아니라 디스플레이, 유연한 회로 기판 등 다양한 분야에 적용될 수 있다고 해도 태양 전지 이외 분야에 대해서는 권리를 주장할 수 없다. 누가 그렇게 하겠냐고 하겠지만, 실무에서는 이런 일이 종종 발생한다. 연구원은 태양 전지 기술로 발명 제안을 하고 출원 담당자는 연구원의 설명을 청구항에 충실하게 반영하기 때문이다. 향후 태양 전지 산업이 쇠퇴하고 그 특허의 기술이 적용된 유연성 기판 시장이 커진다면 애통한 일이 될 것이다.

## (2) 구성 요소에 대한 수식어

발명 구성 요소의 위치, 형태, 특성 등을 설명하는 수식어는 권리를 제한한다.

예를 들어 '가로 방향으로 나란히 형성된 지름 $0.1 \sim 0.3 \mu m$ 원형의 돌출부'라고 표현하였다면 경쟁자는 1) 사각형, 비정형의 돌출부를 형성하거나 2) 원형의 돌출부의 크기 범위를 벗어나거나 3) 원형의 돌출부를 무질서하게 배열하는 등의 방법으로 특허를 피할 수 있다. 만약, 수식어 없이 '돌출부'라고 주장했어도 권리가 인정될 수 있었다면 이러한 한정은 불필요하게 권리를 축소하는 것이다. 넓은 권리 측면에서만 본다면 위치, 형태, 특성 등의 수식어는 적을수록 좋다. 물론 수식어가 많을수록 등록은 용이해진다.

### (3) 많은 구성 요소

1장~3장의 침해 판단, 회피 설계에서 살펴보았듯이 청구항 구성 요소의 수가 적을수록 권리는 넓다.

예를 들어 독립항이 1) 몸통, 2) 노즐, 3) 가이드부, 4) 손잡이, 및 5) 뚜껑을 가지는 물뿌리개에 관한 A 특허와 독립항이 1) 몸통, 및 2) 가이드부를 가지는 물뿌리개에 관한 B 특허를 비교해 보자. 공통적으로 구성 요소에 대한 수식어는 없지만 구성 요소의 개수가 다르다. 뚜껑이 없는 제품은 A 특허의 권리 범위를 벗어나지만 B 특허는 피할 수 없다. B 특허를 회피하기 위해서는 필수 구성 요소인 몸통이나 가이드부를 제거해야 하므로 현실적으로 B 특허를 벗어나기 어렵다. 발명의 작동에 필수적인 구성 요소만으로 이루어진 청구항일수록 권리가 강력하다.

# 2 선행 기술을 감안한 전략적 권리 설계 방안

그렇다면 용도가 제한되지 않으며, 수식어가 없고, 구성 요소의 수가 적은 넓은 권리를 만들면 되지 않을까? 무턱대고 권리를 너무 넓게 설계하면 선행 기술에 의해 심사 과정에서 거절될 가능성이 크다. 따라서 청구항이 등록될 수 있도록 수식어와 구성 요소를 구체화하되, 등록과 무관한 불필요한 한정 요소는 없애야 한다.

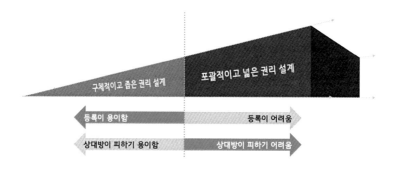

구체적이고 좁은 권리 설계 포괄적이고 넓은 권리 설계

등록이 용이함 등록이 어려움

상대방이 피하기 용이함 상대방이 피하기 어려움

<그림 4-1> 좁은 권리 설계 VS 넓은 권리 설계

권리가 불필요하게 좁은지 너무 넓어서 등록이 어려운지 판단하는 기준은 선행 기술이다. 선행 기술을 모르는 상태에서는 확보 가능한 최대 범위로 권리를 설계하기 어렵다.

특허가 등록되려면 반드시 심사를 거쳐야 한다. 심사 과정에서 검토하는 여러 가지 등록 요건 중에서도 선행 기술보다 새롭고 진보된 것이어야 한다는 것은 핵심적인 요건이다. 즉, 이미 알려진 기술과 동일하거나 매우 유사한 기술에 대해서는 특허가 허락되지 않는다. 물론 선행 기술보다 더 넓은 권리를 갖는 것도 불가능하다. 선행 기술의 공지 범위와 비교하여 등록이 가능하도록 권리를 설계해야 한다.

**청구 범위가 넓을수록 관련 선행 기술의 수가 늘어나므로 선행 기술과 차별화되기 어렵고 따라서 등록 가능성은 작아진다.** 심사 과정에서 선행 기술이 발견되지 않아 착오로 등록된다고 해도 심판에 의해 무효가 될 수 있다. 반면, 출원의 청구 범위가 좁을수록 등록 가능성은 커지지만, 등록되어도 권리의 크기가 작아서 활용도가 낮다.

선행 기술의 공지 범위와 특허를 받으려는 권리의 상대적인 크기에 따라 등록 가능성과 권리 활용 가능성을 그림 4-2에 도식화하였다. X축에서 오른쪽으로 갈수록 청구항의 구성 요소가 많아지고 따라서 권리 범위는 좁아진다.

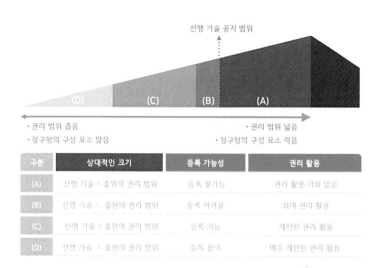

| 구분 | 상대적인 크기 | 등록 가능성 | 권리 활용 |
|---|---|---|---|
| (A) | 선행 기술 < 출원의 권리 범위 | 등록 불가능 | 권리 활용 기회 없음 |
| (B) | 선행 기술 ≒ 출원의 권리 범위 | 등록 어려움 | 최대 권리 활용 |
| (C) | 선행 기술 > 출원의 권리 범위 | 등록 가능 | 제한된 권리 활용 |
| (D) | 선행 기술 ≫ 출원의 권리 범위 | 등록 용이 | 매우 제한된 권리 활용 |

**<그림 4-2> 출원의 권리 범위가 선행 기술의 공지 범위보다 크거나 작은 경우, 등록 가능성과 권리의 활용**

선행 기술의 공지 범위를 그림 4-2의 점선이라고 할 때, 선행 기술의 공지 범위와 비교하여 나의 권리 설계를 A, B, C, D 4개의 구간으로 구분해서 살펴보자.

(A) 구간은 공지된 기술보다 더 넓은 권리를 주장하는 것이다. 따라서 등록이 불가능하거나 심사 과정의 오류로 등록되어도 후에 무효가 될 수 있다. 등록 자체가 불가능하므로 권리 활용성도 없다.

(B) 구간은 공지 범위에 근접한 권리를 요구하는 것으로, 이는 확보할 수 있는 최대 범위이다. 주장하는 권리가 선행 기술과 유사할수록 선행 기술과 비교하여 신규성·진보성 등이 없다는 이유로 거

절될 가능성이 커지므로 특허를 받으려면 고도의 논리가 필요하다.[39]

(C)나 (D)와 같이 선행 기술의 공지 범위보다 좁은 권리를 요구하는 경우 등록은 용이해진다. 그러나 이것은 확보할 수도 있는 권리를 포기하는 것이다.

선행 기술의 공지 범위를 알아야 전략적인 권리 설계가 가능하므로 실무적인 측면에서, 강력한 특허를 확보하기 위해 가장 먼저 할 일은 선행 기술을 조사하는 것이다. 선행 기술의 수준과 구성을 모른다면 등록이 불가능한 (A)나 필요 이상으로 협소한 권리를 청구하는 (D)와 같은 청구항을 설계할 가능성이 있고, (B) 수준의 권리를 확보할 수 있는 치밀한 논리를 구성할 수도 없다.[40]

--------------------------------

39  주장하는 권리가 선행 기술에 근접할수록 심사 과정 중 심사관과 첨예하게 논리를 다툴 가능성이 크다. 거절 이유 통지를 받지 않고 등록된다는 것은 선행 기술과 차별화되는 논리를 잘 만들어서 확보 가능한 최대의 권리를 주장한 경우도 있겠지만 선행 기술에 비해 매우 협소한 권리를 청구한 것일 수도 있으므로 거절 이유 통지 없이 등록되는 것이 좋은 것만은 아니다.

40 특허 출원 후에 수정, 보완하는 단계가 있으나 출원할 때 특허청에 제출한 명세서의 범위를 벗어날 수 없으므로 제약이 많다.

# 3 등록 가능한 최대 권리 설계 방안

주장하는 권리가 선행 기술에 근접할수록 특허를 받는 것은 어려워진다. 등록 가능한 최대 권리를 확보하기 위해서는, 선행 기술과 차별화되는 한정 요소를 도입하되 실질적으로는 도입한 한정 요소가 권리를 거의 축소하지 않는 것이어야 한다. 이러한 **매직 요소**는 의도적으로 찾아야 한다. 이를 위한 방법으로는 다음과 같은 2가지를 예로 들 수 있다.

첫 번째, **현재의 기술과 제품을 분석하여 불편한 점이나 문제점을 찾고 이를 해결하는 기능, 부품, 구조, 방법 등을 고안하여 청구항에 부가**하는 것이다. 새로운 요소가 도입되는 것이므로 기존 기술과 차별화되며 문언적인 권리 범위는 축소된다. 그러나 제품 사용상 불편한 점을 개선한 제품이 시장에서 주류가 되기 마련이므로 실질적으로 권리 범위는 크게 축소되지 않으며 차별화 요소에 의해 등록 가능성은 향상된다.[41]

두 번째, **미래 시장을 읽는 전략**이다. 제품은 변화하고 발전한다.

---

41 부가되는 요소가 선행 기술 문헌에 언급되지 않은 유형이라면 진보성 문제를 더욱 쉽게 극복할 수 있다.

환경과 시장의 니즈가 변화하고 소재, 부품, 장치 등 핵심 기술이 발전하기 때문이다. 제품을 구성하는 **주요 소재·부품 또는 제조 기술의 발전 방향을 분석**하여 선행 기술에 이러한 변화 요소를 부가하거나 선행 기술의 일부를 대체하여 특허를 확보할 수 있다.

또한 대형화 또는 소형화, 경제성 향상, 신뢰성 향상, 유연성 향상 등 해당 **제품의 미래 발전 방향을 예측**하고 이러한 변화에 요구되는 세부 기술 요소를 찾을 수도 있다. 미래 트렌드에 부합하는 기술 요소는 미래에 적용될 가능성이 크므로 넓은 권리를 가질 수 있다.

| 선행 기술 공지 범위 | 1 | 기술 요소 a |
| | 2 | 기술 요소 b |
| | 3 | 기술 요소 c |

● 문제점 해결 방안
● 시장 니즈 구현 기술

| 1 기존 기술 요소 변화 | 1 | 기술 요소 a |
| | 2 | 기술 요소 b |
| | 3 | 기술 요소 c의 미래 발전 방향 반영 |

| 2 새로운 기술 요소 도입 | 1 | 기술 요소 a |
| | 2 | 기술 요소 b |
| | 3 | 기술 요소 c |
| | 4 | 채용 가능성이 큰 새로운 기술 요소 d 도입 |

**<그림 4-3>** 선행 기술을 극복하고 실질적으로 특허의 권리를 지키는 방안

**특허 전략**이
**미래를 바꾼다**

 청구항의 권리 설계를 잘했는지와 그렇지 않았는지를 판단하는 기준은 선행 기술이다. 선행 기술의 공개 범위와 설계된 권리의 크기를 상대적으로 비교한 그림 4-2의 (A)~(D)에 해당하는 경우의 사례를 설명한다.

### 사례 1 선행 기술보다 더 넓은 권리 청구

 (그림 4-2의 (A) 구간)

#### ① 물뿌리개의 손잡이 구조

 손잡이 때문에 보관이 불편한 기존 제품을 개량하여 손잡이를 떼었다 붙일 수 있는 새로운 개념의 제품을 개발하였다. 선행 기술 조사 없이 넓은 범위로 권리를 설계하여 특허 출원을 하였다.

 선행 기술에 비해 신규성과 진보성이 없다는 이유로 거절한다는 심사 의견을 받고, 관련된 선행 기술을 살펴보니 다양한 용기에 탈착되는 손잡이를 갖는 특허가 다수 존재했다.[42] 손잡이의

---

42 특허는 시장에 제품이 나타나기 전에 출원되는 것이 일반적이다. 시장에 제품이 없다고 해서 최초로 개발한 것이라고 생각하면 안 된다.

형상도 고리 형태, 집게 형태 등 다양했으며 고리 형태 손잡이의 경우 미끄럼 방지 구조가 채용된 것도 있었다. 이 경우 당신이 '손잡이가 탈착되는 물뿌리개'의 권리를 청구한다면 **선행 기술보다 더 넓은 권리를 요구하는 것이므로 등록받을 수 없다.**

만약 종속항에 재질, 형상, 세부 구조 등 발명의 세부적인 사항을 계층적으로 적었다면 선행 기술과 차별화되는 종속항은 살아남을 수 있다. 그러나 선행 기술을 모르고 청구항을 작성한다면 선행 기술과 차별화되는 최대 범위로 권리를 설계할 가능성이 작다.

| 선행 기술 | 출원의 권리 범위 |
|---|---|
| • 탈착 손잡이를 갖는 용기 다수<br>• 탈착 손잡이 형상도 다양(고리, 집게 등)<br>• 고리형 탈착 손잡이에는 미끄럼 방지 구조 채택 | • 손잡이가 탈착되는 물뿌리개 |

**<그림 4-4> 선행 기술보다 출원의 권리 범위가 더 넓은 경우 (1)**

### ② 물뿌리개 소재의 조성

가볍고 내구성이 향상된 소재를 개발하여 이에 대한 특허를 출원하였다. 심사관은 고분자 A 10~20%, 고분자 B 50% 이상을 포함하는 소재에 관한 선행 기술이 있어서 당신의 출원은 등록될 수 없다고 하였다. 이미 선행 기술에 고분자 A의 함량이 한정되어 있으며 다른 구성 요소인 고분자 B도 정해졌는데 당신이 고분자 A를 포함하는 모든 소재에 대한 권리를 요구한다면 당연히 인정받을 수 없다.

| 선행 기술 | | 출원의 권리 범위 |
|---|---|---|
| • 고분자 A 10~20%, 고분자 B 50% 이상을 포함하는 조성의 물뿌리개 |  | • 고분자 A를 포함하는 조성의 물뿌리개 |

**<그림 4-5> 선행 기술보다 출원의 권리 범위가 더 넓은 경우 (2)**

## 사례 2 선행 기술보다 너무 좁은 권리 청구

(그림 4-2의 (C), (D) 구간)

### ① 물뿌리개의 손잡이 구조

내가 개발한 2개의 고리 형상의 손잡이가 탈착되는 금속제 물뿌리개에 대해 권리를 주장하는 특허를 출원하였다. 선행 기술을 찾아보니 어떤 용기에도 탈착되는 손잡이를 갖는 제품이 없었으므로, 2개의 고리 형상의 손잡이가 탈착되는 금속제 물뿌리개에 대한 권리는 용이하게 등록되었다.

그러나 경쟁자는 손잡이 형상을 다르게 하는 등의 방법으로 당신의 특허를 피할 수 있다. 관련 선행 기술이 없기 때문에 손잡이 형상이나 구체적인 제품을 한정하지 않아도 등록될 수 있었다. 당신은 '1개 이상의 손잡이가 탈착되는 용기'에 대한 강력한 권리를 가질 수 있었으나 고작 '2개의 손잡이가 고리 형상인 금속제 물뿌리개'에 대한 협소한 권리만을 갖게 된 것이다.

| 선행 기술 | | (D) 출원의 권리 범위 |
|---|---|---|
| • 탈착되는 손잡이를 갖는 제품이 없음 |  | • 2개의 고리 형상의 손잡이가 탈착되는 금속제 물뿌리개 |

권리 범위 재설계

| (B)~(C) 출원의 권리 범위 |
|---|
| • 1개 이상의 손잡이가 탈착되는 용기 |

**<그림 4-6> 선행 기술보다 출원의 권리 범위가 과도하게 협소한 설계와 바람직한 권리 설계 (1)**

## ② 물뿌리개 소재의 조성

조성이 금속 A 12~14%, 금속 B 3~5%, 첨가제 a 0.5%, 첨가제 b 1%인 강도가 탁월한 소재를 개발하였다. 첨가제 a가 소재의 성능을 향상시키는 핵심 물질이며, 기존 소재에 비해 성능이 약 1.5배 이상 향상되었다. 첨가제 b는 공정상 취급성을 개선하기 위한 성분이었다. 당신은 금속 A 12~14%, 금속 B 3~5%, 첨가제 a 0.5%, 첨가제 b 1%의 조성으로 출원하여 용이하게 등록받았다.

가장 유사한 선행 기술은 금속 A 10~40%, 금속 B 20% 이하, 첨가제 b 0.1~5%이었고, 당신이 발명한 첨가제 a는 특허 출원 당시에 새로운 성분이었다. 따라서 당신은 넓게는 금속 A와 금속 B, 첨가제 a를 포함하는 조성, 좁게는 금속 A 10~40%, 금속 B 20% 이하, 첨가제 a 0.1~10%를 포함하는 조성으로도 등록을 받을 수 있었을 것이다.

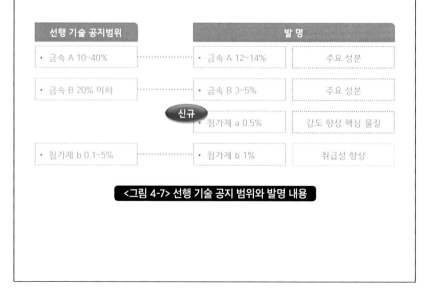

**<그림 4-7> 선행 기술 공지 범위와 발명 내용**

그러나 당신의 청구항(독립항)이 금속 A 12~14%, 금속 B 5~10%, 금속 C 3~5%, 첨가제 a 0.5%, 첨가제 b 1%라면 경쟁사는 첨가제 a의 함량 범위를 벗어나거나, 금속 B 또는 첨가제 b를 생략하는 등 다양한 방법으로 당신의 특허를 피할 수 있다. 당신은 금속 A, 금속 B의 합금 조성에 대한 효과적인 첨가제 a를 최초로 발명했음에도 이에 대한 넓은 권리를 포기하고 피하기 쉬운 협소한 권리만을 갖게 된 것이다.

| 선행 기술 공지범위 | (D) 출원의 권리 범위 |
|---|---|
| • 금속 A 10~40%, 금속 B 20% 이하, 첨가제 b 0.1~5% | • 금속 A 12~14%, 금속 B 3~5%, 첨가제 a 0.5%, 첨가제 b 1% |

권리 범위 재설계

| (B)~(C) 출원의 권리 범위① |
|---|
| • 금속 A, 금속 B, 첨가제 a |

| (B)~(C) 출원의 권리 범위② |
|---|
| • 금속 A 10~40%, 금속 B 20% 이하, 첨가제 a 0.1~10% |

**<그림 4-8> 선행 기술보다 출원의 권리 범위가 과도하게 협소한 설계와 바람직한 권리 설계 (2)**

# 사례 3 선행 기술에 근접한 수준의 권리 확보

(그림 4-2의 (B)구간)

특허가 등록되려면, 선행 기술과 다르거나 선행 기술보다 범위가 좁아야 한다. 선행 기술에 근접하는 권리를 확보하고 싶다면 형식적으로는 선행 기술의 부분 집합이 되도록 한정 요소를 부가하여 청구 범위를 설계하되 현재나 미래의 권리를 실질적으로 거의 축소시키지 않는 한정 요소를 찾아내야 한다. 이러한 매직 요소를 찾는 구체적인 사례를 살펴보자.

**① 현재의 기술, 제품을 분석한다:** 카메라가 부착된 안경 예시

안경에 부착된 카메라로 사진과 동영상 촬영이 가능한 제품에 대한 특허를 확보하려고 하였으나 이미 카메라 안경 일체형 제품에 관한 특허가 있다. 선행 특허에 근접하는 넓은 권리를 확보하기 위해 선행 특허의 카메라 안경 일체형 제품에 대해 예상되는 사용상의 불편한 점을 분석하였다.

기존 제품과 특허는 카메라가 왼쪽이나 오른쪽에 있는데, 좌우 질량 차이로 인해 장시간 착용하면 한쪽으로 기울거나 착용감이 좋지 않다.

이런 경우 카메라를 중앙에 두거나, 좌우 질량 차이가 특정 값 이하로 되게 하는 부품을 카메라가 설치되지 않은 쪽에 도입하

면 문제를 해결할 수 있다.

카메라를 중앙에 두는 설계는 회로가 복잡하고 카메라 지지 구조를 만들기가 어려워, 좌우 질량의 균형을 맞춘 제품이 주류가 될 확률이 높다.

카메라가 안경의 한쪽 렌즈 위에 장착된 카메라 일체형 안경에서, 좌우 질량 차이를 카메라 총 질량의 #% 이하로 설계하는 다양한 방법에 대해 권리를 확보한다면 '안경이 부착된 카메라' 선행 특허만큼이나 향후 시장의 대부분 제품에 적용되는 넓은 권리를 확보할 수 있을 것이다.[43]

**<그림 4-9> 현재 제품을 개선하는 기술을 찾아 넓은 권리를 확보하는 방안**

-----------------------------
43 제안된 특허가 '카메라가 부착된 안경'을 청구하는 선행 특허의 청구항 구성 요소를 모두 포함한다면 이 선행 특허를 침해하는 것이므로 이는 별도로 해결해야 한다. 즉 등록과 침해는 별개이다.

### ② 트렌드의 변화를 읽는다: 리튬이차전지 예시

리튬이차전지는 일본 소니가 최초로 상용화했으나 현재 한국과 중국의 업체가 시장을 장악하고 있다. 선진 업체였던 일본 기업들은 많은 특허를 출원하여 장벽을 쌓았음에도 시장을 지키지 못했고, 한국 기업들은 후발 주자이면서도 상당히 유효한 특허를 확보하여 시장에 안착하였다. 어떻게 이것이 가능했을까?

최초로 상용화된 리튬이차전지의 음극 활물질은 비정질계 카본이었다. 일본 기업들은 비정질계 카본 음극과 이러한 음극에 적합한 전해질에 대해 광범위하게 특허권을 보유하고 있었던 데 반해 결정질계 카본에 대해서는 관심이 적었다.

반면, 후발 주자인 한국 기업들은 주로 결정질계 카본 음극에 대해 다수의 특허를 확보하였다. 이후 음극 활물질의 주류는 결정질계 카본으로 이동하였고, 그 결과 한국 기업들은 핵심 기술 요소의 미래 트렌드에 부합하는 상당한 권리를 확보할 수 있었다.

특정 시점에서 볼 때, 음극 활물질 이외에도 다양한 핵심 기술 요소가 다음 표와 같이 변화할 것으로 누구보다 먼저 예상할 수 있다면 선진 업체들의 선행 특허만큼이나 실질적으로 넓은 권리를 설계하는 것이 가능할 것이다.

- 규제, 문화, 기술 수준 등 환경 변화
- 기술이 적용되는 응용 제품의 변화

| 핵심 기술 요소와 역할 | 각 기술 요소의 미래 변화 방향 |
|---|---|
| 양극 조성_코발트계 양극활물질, 바인더, 탄소계 도전재로 구성 | 용량 밀도가 높은 활물질 사용, 활물질의 비율이 높아질 것임<br>안전성이 높은 활물질 사용, 전도성을 보강하기 위한 후처리 필요 |
| 양극 기재_알루미늄 박막 | 현재와 유사한 소재 사용, 두께 얇아질 것으로 예상 |
| 음극 조성_흑연계 음극활물질 바인더로 구성 | 용량 밀도 높은 합금계, 금속계 활물질 사용 |
| 음극 기재_구리 박막 | 현재와 유사한 소재 사용, 두께 얇아질 것으로 예상 |
| 전해액_점도와 이온 전도도 중요 | 특히 음극 활물질에 영향을 받음 |
| 분리막_올레핀계 | 안전성이 더욱 중요해지므로 고안전성 소재나 안전성 향상 처리 |

**<그림 4-10> 미래 기술 변화 방향을 예측하여 넓은 권리를 설계하는 방안**

**특허 전략**이
**미래를 바꾼다**

# 등록 가능하며 넓은 권리 범위를 갖는 권리 설계 프로세스

독점 배타권 확보, 특허 분쟁 대비 등 특허 확보 목적이 다르면 권리 설계 프로세스도 달라져야 한다. 그러나 권리 설계 과정에서 선행 기술과의 차별성을 확보하여 특허 등록이 가능하도록 하면서도 권리 범위는 가능한 한 넓게 설계되어야 한다는 점은 공통의 요구 사항이다. 이러한 권리 설계 과정을 다음 5단계로 정리하였다. 또한 6장에서는 '목적과 상황에 따른 특허 확보 방안'에 대해 특정 기술을 예로 들어 구체적으로 설명하기로 한다.

이미 살펴본 바와 같이 넓은 권리일수록 청구항의 구성 요소가 간단하므로 구성 요소를 줄여 가다 보면, 선행 기술과 차이가 없는 지점에 도달한다. 따라서 필수 구성 요소를 어디까지 줄일 수 있는지를 판단하는 기준은 선행 기술이다. 선행 기술을 모르고 힘들게 개발했거나 발명의 목적이 다르더라도, 선행 기술과 구성 요소가 동일하거나 더 넓으면 특허를 받을 수 없다.

선행 기술과 대비하여 어떤 점을 개선하였는지 그것을 가능하게 한 핵심적인 기술 요소가 무엇인지를 찾아내야 한다. 공정 조건이나 세부적인 디자인, 조성, 첨가제 등 다양한 차별화 요소들을 찾아내고, 그중에서 가장 넓은 권리를 주장할 수 있는 요소 하나를 덧붙여서 독립항을 설계하고 제약 조건을 하나씩 늘여가면서 계층적으로 종속항을 만든다.

**Step 1** 개발 기술의 **필수 구성 요소를 도출**한다. 향후 권리를 활용할 때 이러한 요건에만 해당하면 나의 권리라고 주장하고자 하는 핵심적인 기술 요소를 찾는다. 세부 공정 조건이나 불필요한 한정 사항은 제외한다.

➡ 발명의 구성 요소를 나열하고, 각각의 구성 요소가 필수적인 것인지, 제외해도 무방한 선택적인 것인지, 불필요한 한정 사항인지 판단하여 필수 구성 요소만으로 발명을 재구성한다. 다음 그림 4-11의 예시에서 발명의 특징부는 휘어지는 가이드부이고, 노즐부는 없어도 물뿌리개의 기능에 지장이 없는 선택적인 구성이며, 손잡이의 위치와 개수는 한정할 필요가 없는 구성이다.

| | 발명의 초기 구성 | 구성 요소 판단 | 필수 구성 요소로 발명 재구성 |
|---|---|---|---|
| 1 | 상부에 주입구가 형성된 물이 저수되는 몸통부 | 필수 | 상부에 주입구가 형성된 물이 저수되는 몸통부 |
| 2 | 상기 몸통부에 연장되어 형성된 중공의 가이드부 | 필수 | 상기 몸통부에 연장되어 형성된 중공의 가이드부 |
| 3 | 상기 가이드부의 단부에 마련되어 물을 배출하기 위한 다수의 배출공이 형성된 노즐부 | 선택 | 삭제 |
| 4 | 몸통부의 상부와 측면에 각각 마련된 손잡이부로 이루어진 물뿌리개에 있어서 | 한정 불필요 | 몸통부에 1개 이상 형성된 손잡이부로 이루어진 물뿌리개에 있어서 |
| 5 | 상기 가이드부는 휘어지는 것을 특징으로 하는 물뿌리개 | 특징부 | 상기 가이드부는 휘어지는 것을 특징으로 하는 물뿌리개 |

**<그림 4-11> 발명의 필수 구성 요소 도출**

**Step 2** 등록 가능한 최대 범위를 도출하기 위해 Step 1에서 필수 구성 요소만으로 재구성한 발명에 대해 **선행 기술을 찾는다.**

➡ 특허뿐 아니라 논문, 학회 발표 자료 등도 선행 기술이 될 수 있다. 특허의 경우 명세서 전체가 선행 기술이다. 유사한 선행 기술이 없다면 이하에서 설명하는 Step 3, 4, 5를 생략하고 그대로 특허 출원하면 된다.

| 선행 기술 1 |
| --- |
| 1 상부에 주입구가 형성된 물이 저수되는 몸통부 |
| 2 상기 몸통부의 측면에 형성된 손잡이부 |
| 3 상기 몸통부에 연장되어 형성된 **개방된 반원형**의 가이드부 |
| 4 상기 가이드부는 **유연한 소재를 포함**하는 것을 특징으로 하는 물뿌리개 |
| 5 유연한 소재의 가이드부는 화초에 부딪혔을 때 손상을 주지 않기 위함 |

| 선행 기술 2 |
| --- |
| 1 상부에 주입구가 형성된 물이 저수되는 몸통부 |
| 2 상기 몸통부에 연장되어 형성된 단단한 중공의 가이드부 |
| 3 상기 몸통부에 형성된 손잡이부를 갖는 물뿌리개 |

<그림 4-12> 선행 기술의 내용

**Step 3** 내가 개발한 기술과 선행 기술의 공통점과 차이점을 분석한다. 차이점이 크고 명백해서 등록 가능성이 크다고 판단되면 Step 4, 5를 생략하고 출원한다.

| 선행 기술과<br>발명의 공통점 | • 몸통부, 손잡이부 동일 |
|---|---|
| 선행 기술과<br>발명의 차이점 | • 형태가 동일한 것은(중공) 물성이 다름<br>• 물성이 유사한 것은 형태가 다름(개방된 반원형)<br>• '휘어지는'과 '유연한'은 유사성이 있으나 차이가 있는 물성임<br>❖ 그러나 **두 개의 발명을 조합하면** 본 발명이 용이하게 도출될 수 있다고 판단될 가능성이 있다.<br><br>• 목적이 다름: 선행 기술의 유연한 가이드부는 화초에 손상을 주지 않기 위함이고, 본 발명의 휘어지는 가이드부는 틈새에 있는 화초에도 용이하게 물을 공급하기 위함 |

**<그림 4-13> 선행 기술과 발명의 공통점과 차이점**

**Step 4** 선행 기술과의 차이점을 강화한다.

➡ 선행 기술 2개 이상에 발명의 구성 요소가 나뉘어 공개되었다면, 해당 구성 요소의 결합이 단순 조합이 아니라고 주장할 수 있어야 한다.

➡ 차이점이 기술적인 구성이 아니라면 이러한 **차이를 유발하는 기술 요소**를 찾는다. 예컨대 기술의 목적이나 용도에 차이가 있다면 이러한 차이가 있을 때 달라져야 하는 기술 구성 요소를 찾아낸다.

| 선행 기술의 단순 결합이 아니다 | 선행 기술과 목적이 다르므로 기술도 다르다 |
|---|---|
| • 가이드부가 필요에 따라 구부러지고 평상시에는 곧은 형태를 유지하려면, 단단해야 하므로 ## 특성이 ## ~## 범위에 속해야 한다. 반면 선행 기술의 유연한 소재는 ## 특성이 상기 범위보다 낮다. | • 화초를 다치지 않게 하려면 가이드 끝부분이 부드러워야 한다.<br>• 틈새로 물을 주기 위해 구부리려면 가이드부의 중간부분이 유연하거나 접히는 구조(자바라 등)이면 된다. 끝부분은 유연해도 되고 단단해도 된다. |

**<그림 4-14> 선행 기술과의 차이점 강화**

**Step 5** Step 3과 4에서 찾아낸 **차별화 구성 요소 후보를 선택,
조합하여 최대 권리 범위를 설계한다.**

➡ 구성 요소에 차이가 있어도 진보성 논란을 극복하기 어렵다고 판단되
는 것은 제외한다. 찾아낸 후보가 각각 선행 기술과의 차별화에 활용
가능하다고 판단될 수도 있고, 그 반대일 수도 있다. 만약 찾아낸 후보
들이 전부 활용할 수 없는 것으로 판단되면 step 3과 step 4를 반복한
다. 그러나 반복되는 노력에도 차별화 구성 요소를 찾을 수 없다면 의
미 있는 특허를 확보할 수 없다.

| Step 1의 발명 핵심 요소 | | 선행 기술을 고려한 권리 범위 설계 |
|---|---|---|
| 상부에 주입구가 형성된 물이 저수되는 몸통부 | | 상부에 주입구가 형성된 물이 저수되는 몸통부 |
| 상기 몸통부에 연장되어 형성된 중공의 가이드부 | 선행 기술과 비교 분석한 내용을 반영하여 권리 범위 재설계 | 상기 몸통부에 연장되어 형성된 중공의 가이드부 |
| 몸통부에 1개 이상 형성된 손잡이부로 이루어진 물뿌리개에 있어서 | | 몸통부에 1개 이상 형성된 손잡이부로 이루어진 물뿌리개에 있어서 |
| 상기 가이드부는 휘어지는 것을 특징으로 하는 물뿌리개 | | 상기 가이드부의 **중간부가 몸통 부보다 유연한 소재로 되거나 주름부를 가지고 있어** 휘어지는 것을 특징으로 하는 물뿌리개 |

**<그림 4-15> 선행 기술을 고려한 등록 가능한 최대 권리 범위 설계**

요

약

독립항은 가능한 한 넓게, 종속항은 계층적으로
설계한다. 이때 특허의 권리 범위 설계는 선행 기
술이 기준이다. 선행 기술을 알지 못하고 설계한다
면 선행 기술에 근접한 넓은 권리를 주장할 근거를
마련하지 못할 가능성이 크다.

4장에서 넓은 권리 설계 방안을 습득했다면, 전략
적인 특허 확보를 위해 5장에서 출원 방향을 검토
하고 6장에서 목적과 상황에 맞는 특허 확보 방안
을 구체적으로 살펴본다.

# 제5장

## 나의 특허:
## 출원의 방향은 바람직한가?

전쟁에서 이기기 위해 항상 가장 강력한 무기가 필요한 것은 아니다. 전쟁의 배경과 지리적 요건 등을 분석하여 적합한 전략을 구사해야 한다. 수심이 낮은 바다에서의 전투라면, 최신 잠수함보다 기동력이 우수하며 날렵한 작은 배가 더욱 필요할 것이다. 특허도 마찬가지다. 원천 특허를 확보하는 것만이 만능은 아니다. 때로는 권리 범위가 좁은 개량 특허를 확보하는 것이 더욱 효과적인 경우도 있다. 기술 수명 주기와 현재의 기술 위치에 따라 적합한 특허 전략이 무엇일까 생각해 보자.

# 상대방의 특허를 침해하지 않는 발명만 특허로서 가치 있다?

연구원들의 발명을 평가하여 출원 여부를 결정할 때, 경영진이나 상사는 흔히 다음과 같은 질문을 한다.

## 이 발명은 다른 특허를 침해하는가?

다른 특허를 침해한다면 좋은 평가를 받지 못해 출원을 못하게 되기도 한다. 이러한 판단 기준은 항상 옳은 것일까?

물론, 발명이 기존 특허와 다르고 성능과 경제성 면에서도 우수하다면 독자적인 특허를 확보할 수 있고, 사업을 하는데도 제약이 없을 것이다. 이는 더할 나위 없이 좋은 경우이다. 그러나 타인의 특허를 전혀 침해하지 않는 원천 특허만이 의미가 있는 것은 아니다. 때로는 경쟁사가 사용하기를 원하는 개량 특허가 중요한 역할을 한다. 따라서 원천 특허만을 고집할 것이 아니라 산업이나 기술의 특성, 그리고 개별 기업의 사업 전략에 맞는 특허 창출 전략이 필요하다.

4장에서는 한 건의 특허에서 권리를 적절하게 설계하는 방법을 살펴보았다면 5장에서는 시야를 넓혀 기술 수명 주기와 기술 진화 단계에 따라 기업의 특허 확보 방향이 달라져야 함을 살펴본다.

남들과 다른 제품을 만드는 것이 항상 최선의 사업 전략이 아닌 것처럼 원천 특허 확보만이 의미 있는 특허 창출 전략은 아니다. 산업과 기술의 특성을 분석하여 나에게 맞는 특허 포트폴리오 전략의 큰 틀을 수립할 필요가 있다.

따라서 우선 산업과 기술의 특성을 살펴보아야 한다. 그다음 기업의 사업 전략에 맞게 특허 창출 전략의 방향을 정립한다.

# 1 기술의 특성과 발전 단계

기술에도 수명이 있다. 새로운 기술이 나타나면 발전, 성숙 단계를 거쳐 결국 쇠퇴하게 되고 이것을 대체할 새로운 기술이 출현한다. 기술 수명 주기는 기술에 따라 짧은 것도 있고 상당히 긴 것도 있다.[44] 예를 들어, 화학 분야는 20년 전에 개발된 물질이 현재까지 사용되는 경우도 있다. 반면, 정보 통신 분야는 5년 전의 기술도 현재의 기술과 매우 다른 경우가 많다. 대체 기술 개발 가능성이 큰 분야는 기술이 빠르게 변화하지만 대체 기술 개발이 어려운 분야는 기술 변화 속도가 느리다.

모든 기술이 발전, 성숙, 쇠퇴의 단계를 거치는 것도 아니다. 많은 기술이 초기 단계에서 더 이상 발전하지 못하고 사라지며 시장의 요구를 만족시키는 경쟁력 있는 일부 기술만 주류(mainstream) 기술이 된다. 여러 기술이 경쟁적으로 개발되고 있어 무엇이 살아남아 주류가 될지 **불확실한 춘추 전국 시대**와 주류 기술이 확립되어 질서가 잡힌 **통일 제국의 시대엔 특허 전략**이 달라야 한다.

또한 주류 기술이 정해진 이후에도 새로운 대체 기술이 나타날

---

44 기술의 특성 외에도 국가의 연구 개발 지원, 사회적 환경 등 다양한 요소에 의해 기술 수명이 영향을 받으나, 기술의 특성만 고려하기로 한다.

가능성이 큰 경우와 주류 기술이 상당 기간 그 지위를 누릴 것으로 예측되는 경우에도 다른 전략이 요구된다.

주류 기술의 범주를 벗어나기 어려울수록 그 기술의 개량 특허를 확보하여 특허 분쟁의 위험을 줄이고 협상력을 높이는 것이 더 중요하다. 이는 대체 기술 즉 원천 특허를 확보하고자 하는 노력이 실패할 가능성이 크기 때문이다.

**특허 전략이 미래를 바꾼다**

# 2 기술 수명 주기와 진화 단계를 고려한 특허 전략

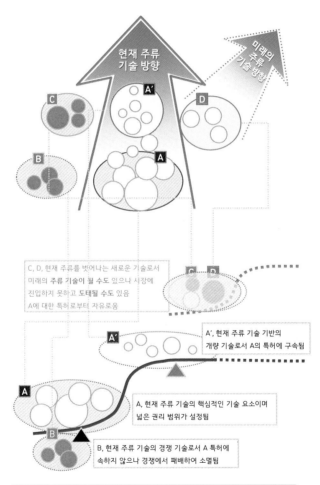

현재 주류 기술 방향

미래의 주류 기술 방향

C

A'

D

B

A

C, D, 현재 주류를 벗어나는 새로운 기술로서 미래의 주류 기술이 될 수도 있으나 시장에 진입하지 못하고 도태될 수도 있음 A에 대한 특허로부터 자유로움

C  D

A'

A', 현재 주류 기술 기반의 개량 기술로서 A의 특허에 구속됨

A

A, 현재 주류 기술의 핵심적인 기술 요소이며 넓은 권리 범위가 설정됨

B

B, 현재 주류 기술의 경쟁 기술로서 A 특허에 속하지 않으나 경쟁에서 패배하여 소멸됨

<그림 5-1> 기술 발전 단계에 따른 원천 특허와 개량 특허의 관계

기술이 나타나서 발전, 성숙, 쇠퇴하는 과정을 살펴보자. 다음 그림 5-1은 기술 진화 곡선 상에 현재 주류가 된 기술의 출현과 발전, 주류 기술과 다투다가 소멸된 경합 기술, 주류 기술을 대체하는 기술을 나타낸다.

그림에서 A 기술과 B 기술은 비슷한 시기에 경쟁하다가 B 기술은 사라지고 A 기술은 주류가 되어 기술의 큰 흐름을 만든다. A 기술이 나타난 초기 단계에 핵심 개념과 중요 기술이 개발되고 원천 특허도 출원된다. 시간이 지남에 따라 A 기술은 A' 기술로 개량되어 성능과 효율이 향상되며 다수의 개량 특허가 출원된다.[45]

A 기술을 대체할 새로운 기술도 출현한다. 대체 기술은 A 기술의 발전기, 성숙기, 쇠퇴기 중 어느 단계에서도 나타날 수 있다. 그림 5-1의 C 기술, D 기술이 이러한 대체 기술에 해당한다. 이들 중 일부는 D 기술처럼 A 기술을 누르고 미래의 주류 기술이 된다. D 기술 초기의 원천 특허는 미래에 강력한 힘을 발휘할 수 있지만, C 기술은 미래의 주류 기술이 되지 못하고 시장에서 퇴출되므로 이 기술에 관한 특허는 무용지물이 된다.

-------------------------------

45 A 기술을 최초로 개발한 기업이나 연구소가 원천 특허를 전략적으로 설계했다면 시장에서 독점적인 지위를 누릴 수 있다. 후발 업체들은 특허를 피할 수 없거나 더 나은 기술을 개발하고 개량 특허를 확보하여 원천 특허권자와 협상을 시도하는 등 진입 장벽을 넘기 위해 상당한 노력을 기울여야 한다. 그러나 원천 기술을 개발했더라도 권리가 허술하다면 경쟁자는 별다른 노력 없이 쉽게 모방하여 시장을 빼앗아 갈 수 있다.

**특허 전략이 미래를 바꾼다**

**만약 현재의 시점이 A 기술이 성숙기에 접어든 그림 5-1의 파란색 세모 지점**이고 당신은 특허 분쟁의 위협을 느끼며 작은 규모로 사업하는 이 시장의 후발 주자라고 가정해 보자. 현재 주류 기술의 개량 기술인 A'와 대체 기술인 C, D 기술 중 어느 기술에 속하는 특허를 확보하는 것이 바람직한가?

특허 침해 관점에서 보자면, A '기술은 A의 개량 기술이므로 A 특허로부터 자유롭지 못한 반면, C 기술과 D 기술은 A 기술의 특허를 벗어나므로 C 기술과 D 기술을 선택하는 것이 타당하다. 그러나 C 기술, D 기술은 새로운 시도이므로 안정적인 A' 기술에 비해 시장에서 성공할 가능성이 작다. 따라서 기업은 원천 특허에 대한 침해 문제와 새로운 시도의 성공 가능성을 함께 고려하여 전략적으로 자원을 배분해야 한다.

개량 기술과 대체 기술에 투입하는 자원의 상대적인 비율은 주류 기술의 수명이 얼마나 오래 지속될지에 따라 달라질 수 있다. 기술 수명이 긴 기술이라면, A' 기술 영역인 현재 기술의 개량 특허 확보가 상대적으로 중요할 것이다. 그러나 기술 수명이 짧은 기술이라면 새로운 기술인 C 기술이나 D 기술에 관한 특허 확보 노력을 강화하는 것이 적절하다.[46]

---------------------------------

46 가치 있는 특허는 현재 또는 미래에 기술의 발전 방향과 부합되어야 한다. 미래는 불확실하므로 현재의 주류 범위를 벗어나는 기술이 향후에 시장에서 살아남을 수 있을지는 예측하기 어렵다. 따라서 D영역에 속하는 기술만을 개발하고 특허를 확보하는 것은 불가능에 가깝다.

현재의 위치가 **주류 기술 개발 초기인 검은색 세모라면,**[47] 주류 기술의 잔존 수명이 상당히 남았으며, 개발에 착수하는 업체는 주류 기술에서 선두 주자가 될 가능성이 크다. 그러나 개발 초기 기술은 주류 기술이 될 것인지를 미리 알기 어렵다. 현실에서는, 유망 기술이 새롭게 등장한 기술에 의해 대체되는 일이 종종 발생한다. 주류가 될 기술의 개발 초기임을 확신할 수 있다면 핵심 개념에 대한 넓은 권리와 개량 기술에 관한 특허를 고르게 확보하는 데에 집중하고, 상대적으로 성공 가능성이 작은 새로운 기술 개발 노력은 축소하는 것이 타당하다. 그러나 초기 기술의 앞날을 예측하기 어렵다면 다양한 가능성을 고려한 특허 포트폴리오 전략이 필요하다.

기술의 수명 주기와 현재의 위치에 따라 적합한 특허 포트폴리오 전략을 그림 5-2에 정리하였다. 어떤 경우라도 개량 특허만 중요하다거나, 기존 기술 범주에 들지 않는 새로운 특허만 중요한 것은 아니다.

현재의 **주류 기술이 오랫동안 계속되고 대체 기술을 찾을 가능성이 작을수록 개량 기술에 대한 특허를 확보하는 것이 중요**해진다. 따라서 기존 기술에 대한 개량 특허의 비율을 높이고 새로운 기술 즉 원천적인 권리를 확보할 수 있는 특허의 비율을 상대적으로 낮추는 특허 포트폴리오 전략이 적합하다. 기존 기술이 매우 강

---

47 기술 수명 주기상의 위치와 기술 수명을 예측하는 데는 불확실성이 따른다. 기술의 특징, 기술 개발 주체의 증감, 기술 발전 속도, 시장 성장률 등 다양한 데이터와 직관을 종합하여 판단하는 수밖에 없다.

력하고 피하기 어렵다면 기존 기술의 특허권을 벗어나는 기술은 활용 가능성이 거의 없는 어설픈 회피 설계에 지나지 않게 될 확률이 높기 때문이다.

개량 발명을 평가할 때는 그 발명이 타사의 특허를 침해하는지보다는 타사에서도 쓸 만한 기술인지가 더욱 중요한 판단 기준이 된다.[48] 어차피 개량 발명은 주류 기술을 이용하거나 더욱 발전시킨 기술이므로 원천 특허나 선행 특허를 침해할 가능성이 크다. 그러나 타사에서 그 기술을 채용한다면 향후 특허 분쟁의 공격 또는 방어 카드로 활용할 수 있다.

반면, 기술 수명이 짧고 다양한 대체 기술이 공존하는 분야일수록 후발 주자도 새로운 기술을 개발하고 원천 특허를 확보하는 것이 상대적으로 더 중요하다. 따라서 기술 분야와 기술 성숙도에 따라 원천 특허, 즉 다른 특허를 침해하지 않는 독점권을 가질 수 있는 특허와 원천 기술을 기반으로 하는 개량 특허를 확보하는 전략을 조절해서 구사할 필요가 있다.

---

48 이러한 개량 발명의 가치와 활용도는 이후에 자세히 살펴보기로 한다.

- 기술 수명 주기가 짧다.
- 기술 성숙기이다.

[현재 기술이 매우 짧은 기간만 존속]

➤ 주류 기술을 벗어나는 새로운 기술을 개발하고 강한 특허권을 확보해야 할 필요성이 매우 높음(어떤 기술이 미래의 주류 기술이 될지 예측하기 어려움)
➤ 현재의 주류 기술에 대한 개량 특허를 확보해야 할 필요성은 낮음

- 기술 수명 주기가 길다.
- 기술 성숙기이다.

[현재 기술이 상당 기간 존속 가능]

➤ 기술 수명이 긴 기술은 대체로 기술 개발 난이도가 높으므로 새로운 기술이 주류로 자리매김하는데 상당 기간이 소요됨. 따라서 현재의 주류 기술에 대한 개량 특허 확보가 중요함
➤ 기술 수명이 길지만 이미 성숙기를 지나고 있으므로 새로운 기술을 개발하고 특허권을 확보하는 것도 중요

- 기술 수명 주기가 짧다.
- 기술 도입기 또는 발전기이다.

[현재 기술의 지속 기간을 예측하기 어려움]

➤ 기술 수명 주기가 짧은 분야는 새로운 대체 기술 개발이 비교적 용이하므로 언제든지 대체할 가능성이 있음. 따라서 새로운 기술에 대한 특허권 확보가 중요함
➤ 현재의 주류 기술이 상당 기간 지속될 가능성도 있으므로 이에 대한 개량 특허 확보도 중요함

- 기술 수명 주기가 길다.
- 기술 도입기 또는 발전기이다.

[현재 기술이 매우 오랜 기간 지속]

➤ 지금의 기술이 상당 기간 지속될 것으로 예상되므로 현재 기술의 개량 특허 확보가 매우 중요함
➤ 기존 기술의 특허 권리 범위를 피하는 새로운 기술 개발의 필요성이 상대적으로 낮음
➤ 그러나, 게임의 법칙을 바꾸는 매우 혁신적인 기술이 출현할 가능성을 무시할 수는 없음

**<그림 5-2> 기술 수명 주기의 장단과 기술 진화 단계를 고려한 특허 출원 전략**

**특허 전략**이
**미래를 바꾼다**

# 3 기업의 특허 창출 전략

   기업들은 단기와 중장기 전략을 수립하고 자원을 분배하여 사업을 추진한다. 대부분 기업의 단기 전략은 현재의 시장 주류 제품과 유사하거나 약간 개량된 제품에 대한 것이며 중장기 전략은 현재보다 상당히 발전된 제품이나 혁신 기술(innovative technology)을 개발하는 것이다.

   각 사업의 기술 수명 주기와 진화 단계를 분석했다면 기업의 사업 전략을 반영하여 특허 창출 전략을 만든다. 제한된 자원으로 최대의 효과를 거두어야 하므로 기업이 추진하는 여러 가지 사업과 연구 개발 과제 중에서 우선순위와 방향을 정하고 자원을 배분해야 한다. 분쟁 가능성이 없거나 특허가 없어도 사업에 지장이 없는 시장도 있으므로 모든 제품과 기술에 대해 특허를 확보해야 하는 것은 아니다.

   결과적으로, 원천 특허 확보 분야와 개량 특허 확보 분야를 구분하고 각각 자원 투입 비중을 정하면 된다.

### 대체 기술 개발이 어려운 분야의 특허 전략:
**LED용 형광체 산업의 후발 업체 사례**

LED용 형광체 분야를 예로 들어 보자. 이 분야의 선두 주자는 니치아, 오스람 등과 같은 글로벌 기업이다. 이들은 형광 물질과 조성을 최적화하였으며, 관련 특허 역시 확보하였다. 또한 이들은 시장을 독점하기 위해 특허 침해 소송을 빈번하게 제기하여 후발 주자들을 위협하고 있다.

후발 주자인 A사는 니치아와 오스람의 특허를 피할 수 있는 신규 형광 물질 개발에 집중하였다. 그 결과 A사는 새로운 물질을 개발하였으나 성능이나 경제성 면에서 니치아나 오스람의 제품에 미치지 못한다. 이에 A사는 특허 공세를 걱정하면서도 어쩔 수 없이 선진 업체의 조성 범위에 속하는 물질을 사용해야 한다. 이런 경우라면, 선진 업체의 특허를 피하는 발명만이 의미가 있을까? A사는 어떤 특허를 확보하는 것이 바람직할까?

형광체 분야는 기술 수명 주기가 길고 성숙기가 오래 유지되어 대체 기술 개발이 어려운 분야이다. 형광체의 성능은 형광 물질 그 자체의 물리 화학적 특성에 의해 결정되므로 물질을 바꾸면 성능도 달라진다. 선진 업체가 오랫동안 연구하여 형광 물질에 관한 특허를 선점한 것이기 때문에 이것을 피하기는 매우 어려울 것이다. 따라서 단기적으로는 당장 사용하여야 하는 물질 특허에 대한 대비책을 마련하는 것에 더 비중을 두어야 한다. 그러나 장기적으로는 선진 업체의 특허를 벗어나는 물질에 관한 특허 확보를 추진하는 것이 바람직하다. 다시 말해서 **장단기 전략을 균형 있게 추진하되** 어느 쪽에 더 큰 비중을 두어야 할지는 **회사의 사업 전략에 따라** 결정되어야 한다.

당장 시장의 주류 기술, 즉 선진 업체의 특허 기술을 사용할 수밖에 없다면 이에 따른 **피해를 최소화하는 것이 단기 특허 전략의 목표**가 된다.

따라서 앞에서 예로 들었던 LED 형광체 분야의 단기 특허 전략은 특허 공격을 감행할 가능성이 큰 니치아, 오스람 등이 사용하는 물질과 조성을 발전시킨 개량 기술에 대한 특허를 확보하는 것이다. 이러한 방어 목적의 개량 특허는 선진 업체의 특허 범주에 속하는 경우가 많다. 따라서 특허 출원을 진행할 것인지 결정할 때 적합한 질문은 '이 발명은 다른 특허를 침해하는가?'가 아니라 **'이 발명은 선진 업체가 사용할 가능성이 있는가?'**이다.[49]

--------------------------------

49 6장에서 세 번째로 설명한 '타사의 특허 공격을 예방·방어하려고 할 때와 타사를 공격할 특허를 확보하려고 할 때'에서 더 자세히 설명하고 있다.

물론 장기적인 전략은 현재의 주류 기술을 대체하는 새로운 기술의 개발과 관련 특허의 확보가 될 것이므로 얼마나 참신한가를 판단해야 한다. 이 경우 '이 기술이 다른 특허를 침해하는가?'를 중요한 평가 항목으로 삼을 수 있다. 동일한 평가 척도로 원천 기술과 개량 기술을 평가하는 것은 바람직하지 않다.

즉, 사업 전략과 R&D 전략에 맞추어 특허 포트폴리오를 설계해야 하며 주류 기술에 대한 대체 기술 개발이 어려운 분야일수록 개량 특허의 활용도와 중요성이 높다.

## 원천 발명과 분쟁 대비 개량 발명의 평가는 다른 관점으로

앞서 살펴본 바와 같이 특허 출원 여부를 결정할 때 '원천 발명'과 성숙 기술의 '개량 발명'에 대해서는 평가 기준을 달리 적용해야 한다.

유사한 선행 기술의 유무로 원천성을 파악할 수 있으며 원천성이 높을수록 권리의 독점 가능성이 크다. 원천 발명이 제품에 적용되면 시장의 판도를 뒤집을 수도 있으나 시장에서 원하지 않을 가능성도 상당하다. 이러한 원천 발명은 기술의 효과, 산업에 미치는 파급력 등을 기준으로 특허 출원을 결정할 수 있다. 원천 발명이라고 해도 효과가 낮고 산업에 미치는 파급력이 극히 제한적이라면 출원을 유보할 수 있다. 효과는 핵심 성능 개선, 경제성 향상, 편리성 향상, 새로운 기능 등 다양한 시각으로 살펴보아야 한다.

성숙 기술의 개량 발명은 실제 제품에 활용될 가능성이 중요한 판단 요소가 된다. 특히 타사가 채용할 가능성이 크면 권리 범위가 좁아도 특허 출원을 진행하는 것이 바람직하다. 이 경우 타사의 침해를 용이하게 파악할 수 있는지도 중요한 판단 요소이다.

| 원천 발명 | 성숙 기술의 개량 발명 |
|---|---|
| • 기술의 참신성<br>  • 유사한 선행 기술이 없는가?<br>• 산업에 미치는 파급력<br>  • 응용 분야<br>  • 시장 규모<br>  • 경제성과 성능 등의 차별성<br>• 기술 독점 가능성<br>  • 기존 특허를 침해하는가? | • 분쟁이 우려되는 경쟁 업체가 사용할 가능성이 있는 기술인가?<br>• 침해를 용이하게 파악할 수 있는가? |

**<그림 5-3> 새로운 기술 특허와 개량 특허 출원 시 검토 항목**

**특허 전략**이
**미래를 바꾼다**

요

약

항상 원천 특허를 확보해야 하는 것은 아니다. 기술의 특성과 사업 전략을 고려하여 활용도가 높은 특허가 어떤 것인지 생각해 보아야 한다. 선진 업체의 특허 권리 범위 내에서 사업을 해야 한다면 이러한 특허를 벗어나는 특허보다 선진 업체의 기술을 바탕으로 한 개량 특허를 확보하는 것이 더 중요하다. 또한 소중한 발명을 놓치는 일이 없도록, 원천 특허와 개량 특허에 적합한 평가 기준을 마련해야 한다.

# 제6장

## 나의 특허:
## 활용 목적에 적합한 특허를
## 확보했는가?

전략과 전술은 전쟁의 목적에 따라 달라진다. 점령하여 식민지
로 삼고자 할 때, 평화 유지를 위한 견제를 목적으로 할 때, 전
쟁을 함께할 협력자를 구하고자 할 때 각각 전략과 전술이 다
르다. 특허도 그러하다. 시장의 경쟁 구도, 산업의 특성, 기업의
경쟁력 등을 종합적으로 고려하여 특허를 확보하고자 하는 목
적을 명확히 할 필요가 있다. 목적에 따라 어떤 특허를 어떻게
확보해야 하는지가 달라진다.

# 특허는 특허일 뿐 사업에 별 소용없다?
# 또는 반드시 강력한 특허를 확보해야 한다?

상반되는 주장 같지만 양쪽 다 맞는 얘기일 수 있다. 특허 한 건 없이도 사업을 훌륭하게 하는 기업이 있는가 하면, 수백 건의 특허를 가지고 있어도 특허 소송에 시달리는 기업도 있다. 산업 분야에 따라 특허가 거의 필요하지 않을 수도 있고, 특허가 필요한 분야이고 실제로 특허를 많이 확보하고 있어도 활용을 못해서 사업에 도움이 되지 않는 경우도 있다.

산업의 특성, 경쟁 환경, 시장에서 기업의 위치 등에 따라 특허 확보의 필요성과 목적이 달라진다. 목적에 부합하지 않는 특허는 아무리 많아도 기업에 도움이 되지 않는다. 우수한 기술을 개발하여 독점하고자 할 때와 경쟁 강도가 높아서 후발 업체를 견제할 필요가 있다거나 선진 업체의 특허 공격에 대비할 필요가 있는 경우는 특허 확보 전략이 달라야 한다.

5장에서 기술의 특성과 발전 단계에 따른 특허 전략을 넓게 살펴보았다면, 6장에서는 경쟁 환경에서 특허를 확보하려는 목적을 살

특허 전략이
미래를 바꾼다

퍼보고 특허권을 활용할 주된 목적이 정해졌을 때 이에 적합한 특허 확보 전략을 설명한다.

특허 출원이 항상 원천 특허를 확보하여 기술을 독점하기 위한 것은 아니다. 산업의 특성과 기업의 상황에 따라 특허를 확보하고자 하는 목적이 다를 것이다. 목적이 다르면 특허 창출 전략도 달라져야 한다.

특허 확보의 목적은 다음 3가지로 구분해 볼 수 있다. 목적에 따라 확보해야 할 특허의 내용과 관점이 달라지므로[50] 특허 출원에 앞서 특허 확보 목적을 명확히 할 필요가 있다.

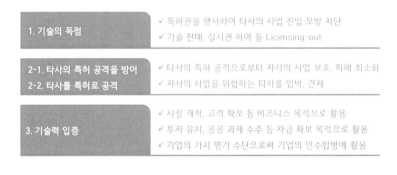

**<그림 6-1> 특허 확보 목적**

---

50 산업과 기술의 특징, 분쟁 가능성, 시장에서 기업의 지위, 경쟁 우위 전략 등을 종합적으로 반영하여 특허 확보 목적을 정할 수 있다. 따라서 특허 확보 목적은 모든 환경 요소가 집약적으로 고려된 것이다.

첫 번째, 새롭게 개발한 기술과 제품으로 시장을 독점하려고 하는 경우, 후발 주자가 해당 특허의 범위를 회피하여 시장에 진입하지 못하도록 해야 한다. 따라서 빈틈이 없도록 권리를 설계해야 하며 타사가 특허를 침해했을 때 용이하게 파악하여 대응할 수 있어야 한다. 이는 기업뿐 아니라 혁신적인 기술을 개발한 공공 연구기관 혹은 대학에도 동일하게 적용되는 기준이다. 공공 연구기관이나 대학에서 개발된 기술도 기술 판매나 실시권 허락 등의 방식으로 사업화될 것이므로 기술을 이전받은 기업이 독점적으로 기술을 활용할 수 있도록 해야 한다.

두 번째, 후발 업체는 선진 업체의 기술을 사용해야 하는 경우가 많으므로 특허권자로부터 특허 공격을 당할 위험이 있다.[51] 이러한 위험을 예방하고 피해를 최소화하려면 선진 업체에 맞설 수 있는 특허를 확보해야 한다. 따라서 권리 범위는 좁아도 선진 업체를 공격할 수 있는, 다시 말해 선진 업체의 제품에 적용될 가능성이 큰 특허가 필요하다. 한편 시장을 잠식하는 후발 업체를 견제하고자 하는 선진 업체도 후발 업체를 압박할 수 있는 특허가 필요하다. 따라서 선진 업체의 기술을 어쩔 수 없이 사용해야 하는 후발 주자나 후발 주자를 견제할 필요가 있는 선진 기업 모두 상대방의 제품에 적용되는 특허를 확보해야 한다는 점은 동일하다.

--------------------------------

51 후발 업체도 차별화 기술을 개발하여 작은 독점 배타권을 확보할 수 있고 선진 업체도 후발 업체의 특허 기술을 채용하면 특허 공격을 받을 수 있으며 이에 대비해야 하나, 편의상 독점 배타권 확보는 선진 업체의 전략, 특허 공격 방어는 후발 업체의 전략으로 표현하였다

**특허 전략**이
**미래를 바꾼다**

세 번째, 최근 시장 개척이나 고객 확보, 투자 유치에 활용할 목적으로 특허를 확보하기도 한다. 이때 특허는 기술력을 입증하는 수단이 된다. 특허의 권리 범위가 좁아도 등록이 된다면 기술력 입증이라는 소기의 목적을 달성할 수 있다. 특허의 청구항을 분석하여 실질적인 권리 범위와 기술 수준을 파악하기보다 '특허 건수'로 기업의 기술력을 파악하는 경우도 있기 때문이다. 그러나 기업의 인수 합병 문제가 대두되는 경우 기업이 보유한 기술의 범위와 기술력을 잘 나타낼 수 있어야 하므로 신중하게 특허 포트폴리오를 구축할 필요가 있다.

# 1 기업의 시장·기술 위치와 경쟁 강도에 따른 특허 확보 목적

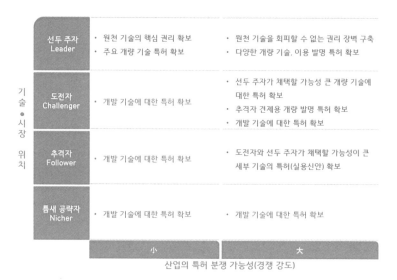

| 기술·시장 위치 | 산업의 특허 분쟁 가능성(경쟁 강도) | |
|---|---|---|
| | 小 | 大 |
| 선두 주자 Leader | • 원천 기술의 핵심 권리 확보<br>• 주요 개량 기술 특허 확보 | • 원천 기술을 회피할 수 없는 권리 장벽 구축<br>• 다양한 개량 기술, 이용 발명 특허 확보 |
| 도전자 Challenger | • 개발 기술에 대한 특허 확보 | • 선두 주자가 채택할 가능성 큰 개량 기술에 대한 특허 확보<br>• 추격자 견제용 개량 발명 특허 확보<br>• 개발 기술에 대한 특허 확보 |
| 추격자 Follower | • 개발 기술에 대한 특허 확보 | • 도전자와 선두 주자가 채택할 가능성이 큰 세부 기술의 특허(실용신안) 확보 |
| 틈새 공략자 Nicher | • 개발 기술에 대한 특허 확보 | • 개발 기술에 대한 특허 확보 |

<그림 6-2> 기업의 기술·시장 위치[54]와 특허 분쟁

특허 확보 목적에 영향을 미치는 환경 요인은 다양하나, 그중서도 가장 중요한 것은 기업의 상대적인 '기술·시장 위치'[52]와 특허 분쟁 가능성이다. 특허 확보 전략은 이 두 가지 요인에 따라 다음 그

---

52 사업 전략은 시장에서의 상대적인 위치인 마켓 포지션에 집중하나, 특허 관점에서는 시장 점유율보다 기술의 상대적인 위치가 더욱 중요하다.

림 6-2와 같이 구분해 볼 수 있다.[53]

특허 분쟁 가능성이 높은 산업, 즉 경쟁 강도가 높은 산업에 속한 선진 기업들은 개발한 기술을 독점하기 위한 특허를 확보해야 한다. 따라서 이들은 개발한 원천 기술을 독점함과 동시에 후발 주자의 모방을 견제하기 위하여, 원천 기술에 대한 회피가 불가능한 권리 장벽을 구축하는 적극적인 특허 확보 전략을 구사해야 한다.

특허 분쟁 가능성이 큰 산업의 후발 주자들은 특허 공격과 방어를 위해 특허를 확보하는 것이 필요하다. 그러나 후발 주자 중에서 선두 주자(leader)를 위협하는 도전자(challenger)와 모방에 급급한 추격자(follower)의 특허 전략은 달라야 한다. 각각 처한 환경이 다르기 때문이다. 도전자는 추격자를 견제하면서 선두 주자의 공격에 대비하는 한편 선두 주자의 자리를 노리는 데에 필요한 다양한 특허를 확보해야 한다. 이에 비해, 추격자는 도전자의 공격에 대비하는 것이 더 중요하다.

특허 분쟁 가능성이 큰 산업이라도 특화된 작은 시장을 표적으로 하는 틈새 공략자(nicher)는 특허 분쟁에 휘말릴 위험이 상대적

---

53 5장에서 다룬 산업과 기술의 특징, 그 외 다양한 환경 요인이 특허 출원 목적에 영향을 미치나, 기업의 기술 포지션과 특허 분쟁 가능성이 더욱 직접적으로 특허 확보 목적에 영향을 준다.

54 '선두 주자(leader)'는 기술력과 시장 지배력이 우위인 기업이다. '도전자(challenger)'는 선두 주자에 비해 기술력은 낮으나 선두 주자를 위협할 수 있는 경쟁력을 확보하고 있는 업체이다. '추격자(follower)'는 아직 선두 주자에 비해 기술과 시장 점유율이 낮고 선두 주자를 모방하는 업체이다. '틈새 공략자(nicher)'는 전체 시장 중 매우 특화된 작은 시장을 노리는 업체이다.

으로 낮을 것이다. 따라서 특허가 특허 분쟁의 무기로 사용되기보다는 기술력을 나타내는 지표로서 고객에게 호소하거나 연구 개발 과제 수주, 투자 유치 등에 활용될 가능성이 크다.

이와 같이, 기업의 특허 확보 전략은 그 기업의 상대적인 기술·시장 위치에 가장 크게 의존한다. 도전자나 추격자라도 새로운 기술 개발에 성공한 경우라면 독점 배타권을 확보하는 전략이 적합하며, 선두 주자도 강력한 경쟁자를 견제하기 위해 개량 특허를 확보하는 전략이 필요할 수도 있다.

기업의 상황과 특허 확보 목적에 따라 특허를 확보하는 관점과 방법을 구체적으로 살펴보자.

# 2 개발 기술을 독점하려고 할 때

예를 들어, 광범위한 산업 분야에 파급 효과가 큰, 나노 소재를 대량으로 얻을 수 있는 새로운 기술을 개발하여 그 성과를 독점적으로 누리고 후발 업체들의 무임승차를 근절하고 싶다. 이러한 목적을 달성하기 위한 특허 확보 전략은 무엇인가? 다음 그림 6-3에 내용을 정리하였다.

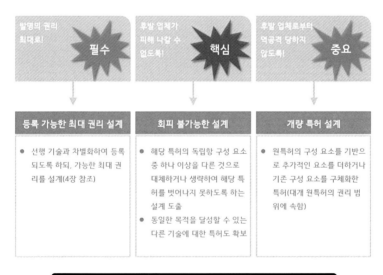

<그림 6-3> 후발 업체의 진입과 모방을 불허하는 권리 확보 전략

특허로 기술을 보호하려면 일단 특허 등록이 되어야 하고 권리 범위가 넓어야 한다. 4장에서 설명한 바와 같이 **해당 발명의 개념을 최대한 확장하되, 등록 가능한 권리 설계**를 고민해야 한다.

그러나 이것만으로는 기술을 충분히 보호하지 못할 수 있다. 경쟁자가 특허와 조금 다른 기술로 비교적 용이하게 회피 설계를 하여 동일한 목적을 달성한다면 특허의 독점 배타권은 유명무실해진다. 그러므로 4장에서 설명한 것과 같은 넓은 권리 설계에서 더 나아가 경쟁사가 **실질적으로 회피 설계를 할 수 없도록 하는 것이 핵심**이다. 회피 설계를 막는 것이 한 건의 특허로는 불가능하다면 여러 건의 특허로 보호벽을 만든다. 하나의 특허에 담을 수 있는 발명의 범위는 제한적이기 때문이다.[55]

이때 '실질적 회피 설계'는 특허의 기본 개념 내에서 청구항의 구성 요소를 생략 또는 대체하는 것뿐 아니라 조금 다른 방법까지 생각해 보아야 한다. 발명의 기술적 과제를 해결하는 수단을 다른 것으로 대체할 수는 없는가에 대해 **틈새를 노리는 경쟁자의 눈으로 다양한 가능성을 검토**해 보는 것이 좋다. 동일한 목적을 달성하는 다른 방안이 있다면, 그 방안에 대해 특허를 출원하는 등 대책을 마련해야 한다. 그러나 그 방안이 기술적으로는 실현 가능해도 시

---

55 특허법에서는 하나의 특허에서 하나의 발명만을 보호하는 것을 원칙으로 한다. 다만, 하나의 총괄적 발명의 개념을 형성하는 1군의 발명에 대해서는 하나의 특허로서 함께 보호받을 수 있도록 하고 있다. 여기서 하나의 총괄적 발명의 개념을 형성하는 1군의 발명이란 기술적 상호 관련성이 있고, 동일하거나 상응하는 기술적 특징을 가지고 있으며, 이러한 기술적 특징이 선행 기술에 비해 개선된 것을 의미한다. 즉, 개념이 다른 발명을 묶어서 하나로 출원할 수 없고 별도로 출원해야 한다.

장성이 없거나, 높은 생산 단가, 복잡한 공정 조건 등으로 채택이 어렵다면 '실질적 회피 설계'가 될 수 없으므로 제외한다.

다음은 후발 업체가 개량 기술에 대한 특허로 원특허권자를 공격하지 못하게 해야 한다. 후발 업체가 성능, 경제성, 편의성 등을 상당히 향상시킨 개량 기술에 대해 특허를 확보했다고 가정해 보자. 이때 원특허권자가 그 개량 기술을 채용하면, 후발 업체는 원특허권자에게 특허 침해를 주장할 수 있게 된다.[56] 따라서 **개량 특허를 가진 후발 업체는 특허 소송이나 라이선스 협상에서 원특허권의 힘을 약화시키거나 무력화**할 수 있으며, 크로스 라이선스[57]로 원천 특허에 대한 실시권을 확보하여 원특허권자의 시장 지배력을 약화시킬 수도 있다. 이런 상황이 발생하는 것을 방지하려면 경쟁사나 후발 주자가 핵심적인 개량 특허를 갖지 못하게 해야 한다.

단, 원특허권자가 그 개량 특허의 기술을 자신의 제품에 적용하지 않는다면 후발 업체는 원특허권자를 공격할 수 없으므로 **원특허권자는 자신이 채택할 가능성이 있는 기술에 한해 핵심 개량 특허를 검토하면 된다.**

---------------------------------

56 후발 업체의 개량 기술이 원특허권의 범위에 속할 것이므로 후발 업체가 개량 기술을 실시하면 후발 업체도 원특허권을 침해한다. 서로 침해하는 관계가 되므로 원특허권자가 절대적 지위를 갖기 어렵다.

57 서로 특허를 침해하는 관계가 되었을 때, 서로 상대방에게 자신의 특허에 대한 실시권을 허락하는 것을 '크로스 라이선스'라고 한다.

**후발 업체가 핵심 개량 특허를 갖지 못하게 하는 방안은 그 특허를 내가 갖거나 누구도 갖지 못하게 하는 것이다.** 나는 이미 원특허권이라는 무기를 가지고 있으므로 상대방만 무기를 갖지 못한다면 상대방을 제압할 수 있다. 누구도 특허 권리를 가지지 못하게 하려면 그 기술을 공개하면 된다.[58] 그러나 원특허권자가 수많은 개량 특허를 모두 확보한다는 것은 현실적으로 가능하지 않고, 기술이 공개되면 후발 업체는 모방을 통해 따라올 위험성은 여전히 존재한다.

원특허권자가 후발 업체의 특허 공격에 대비하는 다른 한 가지 방안은 후발 업체가 개량 특허를 확보하여 공격을 하더라도 피해가 발생하지 않도록 하는 것이다. 특허 출원 시점에 이미 그 발명을 실시하고 있거나 실시를 준비 중인 자에게는 그 특허권이 미치지 않는다.[59] 따라서 원특허권자는 후발 업체가 개량 특허를 출원할 당시에 이미 그 기술을 사용하고 있었음을 증명하면 된다. 실제 상황에서는 수년이 경과한 후에 발명의 실시 시점을 객관적으로 명확히 입증하기 어려워질 수 있으므로 실시 시점을 증명하는 자료를 확보해 두어야 한다.

개량 특허는 사안에 따라 상당히 많이 도출될 수 있고, 개량 특

---

58 특허가 되려면 신규성과 진보성 요건을 충족해야 한다. 즉 공개된 기술과 동일하거나 매우 유사한 발명은 특허가 될 수 없다.

59 출원 시점에 이미 그 발명을 실시를 하거나 실시를 준비 중인 자에게는 그 특허에 대한 실시권이 부여된다. 이를 선사용에 의한 통상 실시권이라고 한다.

허 하나 하나는 영향력이 제한적이다. 따라서 비용과 효과를 고려하여 개량 특허 확보, 기술 공개, 선사용권 주장의 방안을 적절히 배분하여 진행할 필요가 있다.

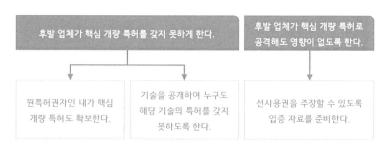

<그림 6-4> 후발 업체의 개량 특허에 의한 역공격에 피해를 입지 않는 방안

요약하면, 우선 각 발명에 대해 선행 기술과 차별화하여 넓은 권리를 확보하여야 한다. 그다음, 가능한 모든 회피 설계 방안을 검토하여 특허망을 구축함으로써 경쟁자가 회피할 수 없도록 해야 한다. 마지막으로 경쟁자가 핵심적인 개량 기술의 권리를 확보하여 역공격할 가능성을 차단한다.

위의 세 가지 관점을 단계적으로 고민하지 않는다면 지엽적인 개량 특허 출원에 집중하다가 자칫 권리의 공백이 발생하여 경쟁자가 발을 디딜 여지를 줄 가능성이 있다.

# 3 타사의 특허 공격을 예방·방어하려고 할 때와 타사를 공격할 특허를 확보하려고 할 때[60]

기술 수명 주기의 초기에는 기술을 독점 배타적으로 활용하기 위한 특허 전략이 중요한 데에 비해, 경쟁이 치열해지는 발전기, 성숙기에는 타사를 공격하거나 타사의 공격을 방어하는 용도의 특허를 전략적으로 개발할 필요성이 높아진다.

공격과 방어, 목적은 상반되지만, 양쪽 모두 상대방의 제품에 활용되는 특허를 확보하여 목적을 달성할 수 있다. **상대방 제품에 활용되는 특허여야 상대방을 공격할 수도 공격에 대해 방어도 할 수 있기 때문이다.** 이에 대한 이유와 근거는 6장과 7장 사이 '잠깐' 코너에서 상세히 설명한다. 상대방의 제품에 활용되는 특허여야 공격에 활용 가능하다는 것은 직관적으로 이해될 것이다. 따라서 여기서는 선진 업체의 특허 공격을 예방하거나 피해를 최소화하려는 후발 업체의 입장에서 설명한다.

------

60 기술 개발 초기에는 기술을 독점 배타적으로 활용하기 위한 특허 전략이 필요한 반면, 경쟁이 치열해지는 시기에는 타사를 공격하고 방어하는 용도의 특허를 전략적으로 개발해야 한다.

후발 업체는 선진 업체의 기술로부터 완전히 자유롭기 어렵다. 선진 업체의 기술을 이용하거나 개량하여 제품을 개발하는 경우가 많기 때문이다. 후발 업체가 시장을 잠식하게 되면 선진 업체는 특허권을 행사하여 후발 업체를 견제할 가능성이 크므로 후발 업체들은 선진 업체의 특허 공격에 대비해야 한다. 대응 전략은 2장에서 살펴본 바와 같이 문제가 되는 특허의 무효화, 회피 설계 등 다양하지만, 이 장에서는 **상대방의 공격에 대한 방어 수단으로 사용할 수 있는 특허를 확보하는 방법**을 설명하고자 한다.

하나의 제품에 여러 건의 특허가 얽혀 있는 경우가 많다. 예를 들어 휴대 전화에 적용되는 특허는 수만 건에 이르며 서로 다른 업체의 특허권이 복잡하게 얽혀 있다. 삼성과 애플의 사례에서 보듯이 **특허를 다수 보유하고 있어도 상대방의 특허를 침해하면 상대방으로부터 특허 소송을 당할 수 있다.** 그러나 나에게도 상대방을 공격할 수 있는 특허가 있다면 상대방의 공격을 무력화하거나 상대방에 대한 교섭력을 가질 수 있다.

다음 그림 6-5는 선진 업체와 후발 업체의 제품 기술의 교집합 영역과 각자의 독자적인 영역을 나타낸 것이다. 선진 업체의 기술을 기반으로 하고 일부를 변경하여 제품을 개발하는 후발 업체는 선진 업체의 기술과 교집합이 있다.

그림 6-5의 A는 후발 업체의 고유 기술 영역이며 후발 업체들이

주로 특허를 확보하는 영역이기도 하다. 그러나 A 기술 영역의 특허로는 상대방을 공격할 수 없다. A 기술은 상대방이 사용하지 않기 때문이다.

그러나 A 기술 중 경제성, 성능 등이 기존 기술에 비해 상당히 우수하고 기존 시스템에 도입이 용이하여 선진 업체들이 그 기술을 채용하게 된다면 관련 특허는 활용 가치가 있다. 바꾸어 말하면, **후발 업체의 고유 기술인 A가 기존 기술에 비해 장점이 없거나, 장점이 있어도 타사가 채용하려면 기존 시스템을 상당히 변경해야 하거나 큰 투자가 필요하다면, 이 기술에 대한 특허가 특허 분쟁을 예방하고 특허 공격을 방어하는 데 사용될 가능성은 거의 없다.**

B는 공유하는 영역이므로 후발 업체 역시 익숙한 기술이다. 특허는 새롭고 진보한 것에 대해 권리를 부여하는 것이므로 이미 알려졌거나 제품에 적용된 기술에 대해서는 특허를 받을 수 없다. 따라서 B 기술을 현재 그대로 특허 출원할 것이 아니라 제품이 개량되고, 기술이 발전하는 방향으로 권리를 설계해야 한다.

반면 C는 선진 업체의 고유 기술 영역이므로 후발 업체가 접근하기 어려울 가능성이 크다. 따라서 C 기술의 특허는 매입 등 아웃소싱하는 것이 적합하다. 종합하면, 선진 업체의 특허 공격을 방어하고자 할 때는, 공통 기술 영역인 B를 개량하여 선진 업체가 채택할 개연성이 높은 발명에 대해 특허를 확보하는 것이 좋다.

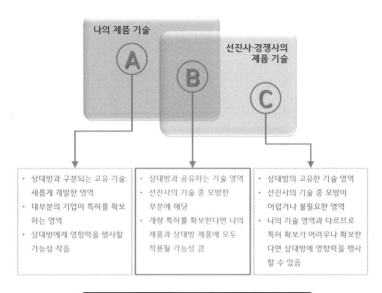

<그림 6-5> 상대방을 공격할 수 있는 특허 확보 영역

　핵심은 상대방 제품에 이미 적용된 기술이나 설계에 관한 것이 아니라 상대방이 채용할 가능성이 큰 아이디어를 찾아내어 권리화하는 것이다. 이미 제품에 적용된 기술에 대해 특허를 출원할 경우, 상대방은 이러한 사실을 입증하는 정보를 제공하여 등록되지 못하게 할 수 있으며, 등록이 되더라도 그 제품이 공개된 시점을 입증하여 무효로 만들 수 있다. 물론 상대방이 자신의 제품에 적용된 기술의 공개 시점을 입증하지 못하면 나는 그 기술에 대한 특허를 차지할 가능성이 있지만 이런 행운이 내게 항상 찾아오겠는가?

　특허 분쟁은 전쟁과 같다. 나의 제품에만 적용되는 개량 기술 특허를 가지고 상대방의 공격을 방어하겠다고 하는 것은 산악 지형 국가와의 전쟁에 대비한다면서 평지에서만 제 기능을 발휘하는 탱크를 확보하는 것과 같다. 지피지기면 백전백승이라는 격언은 특허 전쟁에도 적용된다는 것을 명심할 필요가 있다.

# 4 기술력을 인정받기 위한 특허를 확보하려고 할 때

　기술력 지표로서의 특허는 고객과 투자처 등에 기술력을 입증하기 위한 근거 자료이므로 특징적인 자사 기술을 권리화하면 된다.

　적극적인 권리 활용과 분쟁 예방 목적의 특허를 확보하는 것보다는 비교적 용이하다. 기술력의 지표가 되는 특허를 확보하려면 종래 기술의 문제점을 해결하는 진보된 것이거나 종래의 기술 중에서 특히 우수한 성능을 보이는 한정된 영역을 발견해야 한다. 기술을 세부적으로 한정하면 선행 기술에 비해 차별화되는 특징이 있기 마련이다. 권리 범위가 넓은 특허를 등록받기는 쉽지 않지만, 권리 범위를 좁히면 등록이 쉬워진다.

　단순히 특허 건수 확보가 목적이라면 한정적인 요소를 많이 추가하여 권리 범위가 좁은 특허를 받으면 된다. 그러나 특허를 출원하여 심사를 거쳐 등록하고, 등록을 유지하는 데에 많은 비용이 들기 때문에 비용을 상쇄할 만큼의 활용 가치가 없다면 쓸데없이 출원하여 등록을 받을 이유가 없다. 따라서 기술력을 인정받기 위한 특허도 권리로서의 활용을 염두에 두는 것이 바람직하다.

　다음 그림 6-6은 비즈니스 환경에 따른 특허 확보 목적과, 이에 따른 고려 사항을 나타낸 것이다. 그림 6-6의 1부터 3까지는 해당

되지 않고, 4 또는 5에만 해당한다면 넓은 범위의 특허를 확보하기 위해 시간을 투자하는 것보다는 적절한 수의 특허를 빨리 확보하는 것이 바람직하다. 선행 특허의 공지 범위보다 권리 범위를 확실히 축소시키는 한정 요소를 추가하여 권리 범위를 좁게 하면 비교적 용이하게 등록될 수 있다.

다만, 그림 6-6의 4나 5와 같은 현실적인 이유가 있고, 장기적으로 1부터 3까지 중 어느 하나의 이슈라도 발생할 가능성이 있다면 두 마리 토끼를 잡는 현명한 특허 출원 전략이 필요하다. 권리 범위가 좁은 구체적인 기술이 공지된 이후에는 더 넓은 범위의 특허를 등록받을 수 없으므로, 향후 상황이 달라졌을 때 넓은 권리 범위의 특허 확보가 가능하도록 조치를 취할 필요가 있다. 구체적인 방법은 우선권 주장 출원, 청구 범위 제출 유예 출원, 심사 시점 조절, 분할 출원 등이다. 상황에 따라 어떤 선택이 적절한지에 대해서는 전문가의 도움을 받는 것이 좋다.

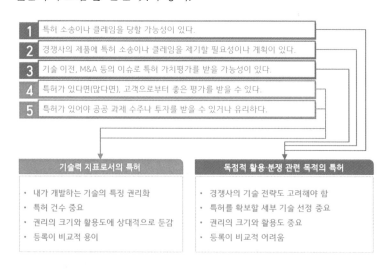

**1** 특허 소송이나 클레임을 당할 가능성이 있다.

**2** 경쟁사의 제품에 특허 소송이나 클레임을 제기할 필요성이나 계획이 있다.

**3** 기술 이전, M&A 등의 이슈로 특허 가치평가를 받을 가능성이 있다.

**4** 특허가 있다면(많다면), 고객으로부터 좋은 평가를 받을 수 있다.

**5** 특허가 있어야 공공 과제 수주나 투자를 받을 수 있거나 유리하다.

| 기술력 지표로서의 특허 | 독점적 활용·분쟁 관련 목적의 특허 |
| --- | --- |
| • 내가 개발하는 기술의 특징 권리화 | • 경쟁사의 기술 전략도 고려해야 함 |
| • 특허 건수 중요 | • 특허를 확보할 세부 기술 선정 중요 |
| • 권리의 크기와 활용도에 상대적으로 둔감 | • 권리의 크기와 활용도 중요 |
| • 등록이 비교적 용이 | • 등록이 비교적 어려움 |

**<그림 6-6> 비즈니스 환경에 따른 특허 확보 목적과 고려 사항**

## 사례와 추가 설명

### 원천 특허와 이용 발명 특허의 권리관계

선진 업체가 원천 특허로 후발 업체의 시장 진입을 막으려고 할 때, 후발 주자는 개량 발명에 관한 특허를 확보하여 선진 업체에 대항한다. 따라서 원천 특허와 개량 발명 특허의 상호 권리관계를 알아둘 필요가 있다.

기본 발명의 필수 구성 요소를 모두 포함하고, **새로운 기술 요소를 더 포함하는 개량 발명이 이용 발명이다.** 그림 6-7에서 보는 것처럼 이용 발명은 기본 발명(원천 특허) A의 권리 범위에 속하므로 이용 발명 특허 B를 실시할 경우 원천 특허 A의 권리를 침해하게 된다. 따라서 특허 A의 특허권자 (P)는 특허 B의 특허권자인 (Q)를 상대로 권리를 행사할 수 있다.

그러나 향후 (P)가 이용 발명 특허 B의 효과를 인지하고 이를 실시하게 되면 (Q) 또한 (P)에 대해 특허 B의 침해를 주장할 수 있다. (P)와 (Q)가 서로의 특허를 침해하므로 상대방에게 특허 실시권을 허락하는 크로스 라이선스를 체결함으로써 쌍방 특허 침해 문제를 해결할 수 있다.

이러한 경우, 후발 주자인 이용 발명의 특허권자 (Q)는 원천 특허의 실시권을 무상 또는 저렴하게 얻음으로써 시장 진입 장벽을 넘을 수 있으나 원천 특허권자 (P)는 자신이 개발한 기술을 독점 배타적으로 사용하지 못하고 시장을 나눠 갖게 된다. 만약 (Q)의 사업 역량이 더 우수하다면 시장을 빼앗길 수도 있다.

원천특허권자가 후발 업체의 개량 특허 확보에 따른 위와 같은 잠재적 위험을 예방하려면 유망한 개량 기술에 대한 권리를 확보할 필요가 있다.

| 질문·상황 | 권리관계·침해 여부 |
|---|---|
| • 특허권의 상대적 크기 | ➢ 특허 A > 특허 B<br>➢ 특허 B를 실시하면 반드시 특허 A 침해 |
| • 특허권자 (Q)가 특허권자 (P)의 기술 채용<br>• 특허권자 (P)는 자신의 기술만 이용 | ➢ (Q)는 특허 A 침해<br>➢ (P)는 (Q)에게 권리를 행사할 수 있음 |
| • 특허권자 (P)가 특허권자 (Q)의 기술 채용<br>• 특허권자 (Q)는 자신의 기술을 실시하지 않음 | ➢ (P)는 특허 B 침해<br>➢ 오히려 원천 기술 개발자인 (P)만 특허 B 침해 |
| • 특허권자 (Q)가 특허권자 (P)의 기술 채용<br>• 특허권자 (P)도 특허권자 (Q)의 기술 채용 | ➢ 서로 침해<br>➢ 이용 특허의 권리자 (Q)는 (P)에게 크로스 라이선스 요청 또는 협상 교섭력을 가질 수 있음 |

**<그림 6-7> 원천 특허와 이용 발명 특허의 권리 범위와 침해 문제**

## 개발 기술을 독점하고자 하는 특허 전략:
## 리튬이온이차전지 상용화 기술을 최초 개발하고도 시장 독점에 실패한 사례

리튬 전이 금속산화물과 탄소계 음극으로 리튬이온전지를 구동한 기초적인 연구가 공개된 이후, (P)는 비정질 탄소 음극과 액체 전해질의 최적 조합을 개발하여 상용화 수준의 성능을 확보하였다.

이제 이 기술을 독점하기 위한 특허를 확보하고자 한다. 우선, 개발 조성에 대한 등록 가능한 최대 권리를 설계하여 리튬 전이 금속 산화물 양극, 비정질 탄소 음극, 액체 전해질(EC+DMC)로 구성된 리튬이온전지에 대해 특허를 출원하였다.

다음으로, 시장에 반드시 진입하려고 하는 후발 업체의 눈으로 빈틈을 찾아보았다. 아직 (P)가 개발한 조합보다는 성능이 낮았으나 발전할 여지가 있는 기술로서, 그림 6-8과 같이 결정질 흑연 음극과 이에 맞는 액체 전해질의 조합, 그리고 다양한 음극에 대해 고분자 전해질과 액체 전해질의 조합을 사용하는 것 등이 도출되었다. 향후 후발 주자들이 이러한 제품을 생산한다면 (P)의 특허권이 미치지 않아 제재할 수 없다고 판단되었다. 따라서 (P)는 당장 채택하지 않더라도 미래에 채택 가능성이 큰 기술에 대해 특허를 확보하였다.

마지막으로, 채택 가능성이 큰 세부 기술을 찾아 권리화하고, 추가적인 개발이 진행될 때마다 개량 기술에 대해 권리를 확보하여 특허 그물망을 촘촘히 유지하였다.

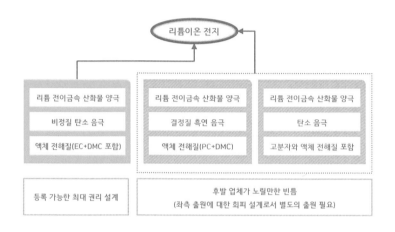

**<그림 6-8> 후발 업체의 회피 설계 방지를 위한 출원 아이디어 확장 예시**

만약, 리튬이온전지 상용화 기술을 최초로 개발한 일본 기업이 이러한 특허 전략을 구사했다면 몇 년 늦게 시작한 한국 기업들의 시장 진출이 훨씬 어렵거나 불가능했을지 모른다.

## 상대방을 공격할 수 있는 특허 확보 프로세스

상대방을 공격할 수 있는 특허를 만들려면 상대방의 기술을 피상적으로 아는 것으로는 불충분하다. 그들의 제품에 적용된 기술과 설계의 상세 내역, 나아가 기술 개발 방향도 파악해야 한다. 이러한 특허를 확보하는 프로세스는 다음과 같다.

### Step 1 분석 대상 확보

분쟁이 우려되는 업체 또는 공격 대상 업체를 선정하고, 해당 업체의 세부 기술과 R&D 전략을 알아내기 위해 그들의 제품, 특허, 기타 공개된 기술 자료들을 확보한다.

| 제품 | • 다양한 채널을 활용하여 관련 제품을 입수한다. |
|---|---|
| 특허 | • 상대방 업체의 관련 특허를 검색하여 수집하고, 특허의 내용을 검토하여 해당 제품과 관련 있는 특허를 선정한다. |
| 기타 | • 홍보 자료나 증권사 분석 자료 등 제품과 기술 개발 현황 정보를 담은 자료를 확보한다. |

<그림 6-9> 상대방의 R&D 방향 파악 수단

### Step 2 상대방의 기술 분석

확보된 제품과 자료를 분석하여 실제로 적용된 기술과 연구 개발 중인 기술을 분석한다.

| 제품 | • 상대방 제품의 외관, 치수, 내부 형상, 부품 배열, 소재, 작동 방식, 물성, 미세 구조 등을 분석한다.<br>• 육안 분석, 실측뿐 아니라 전문적인 분석 장비를 활용하여 제품과 기술의 특징을 찾아낸다. |
|---|---|
| 특허 | • 선정된 특허들의 핵심 기술, 해결하고자 하는 기술적 과제, 실시례의 구체적인 설계 내용 등을 파악한다.<br>• R&D 전략 분석이 목적이므로 명세서의 상세한 설명과 실시례를 참조한다. |
| 기타 | • R&D 방향, 전략에 관한 정보를 추출한다. |

**&lt;그림 6-10&gt; 상대방의 R&D 방향 분석**

## Step 3 상대방의 핵심 기술과 R&D 방향 도출

현재 제품에 적용된 기술과 향후 제품에 적용될 가능성이 큰 기술을 다음의 관점으로 추출한다. 기술적 가치와 난이도가 높은 기술뿐 아니라 기술 난이도는 낮지만 권리 주장과 침해 포착이 용이한 기술도 포함한다.

| 핵심 1 | • 제품과 특허에 모두 나타난 기술<br>⟩ 적용된 기술의 세부적인 내용을 파악할 수 있어 개량이 용이하다. |
|---|---|
| 핵심 2 | • 제품에 적용되지 않았지만 지속적으로 출원 중인 기술<br>⟩ 연구개발이 계속되고 있으므로 차기 제품에 적용될 가능성이 크다. |
| 핵심 3 | • 최근에 여러 국가에 출원된 기술<br>⟩ 중요도를 높게 평가하는 기술이므로 차기 제품에 적용될 가능성이 크다. |
| 기타 | • 외관, 쉽게 분석 가능한 조성, 구조 관련 기술·설계<br>⟩ 권리 주장과 침해 포착이 용이하여 특허의 활용도 높다. |

**&lt;그림 6-11&gt; 상대방의 핵심 기술 분석**

## Step 4 자사와 상대방의 공통점과 차이점 분석

Step 3에서 도출한 경쟁사의 제품 기술 중 핵심 기술과 특허 활용도가 높은 기술을 나열하고, 각각에 대해 자사 기술과의 공통점과 차이점을 분석한다.

| 기술 1 | 나의 제품 기술과 공통점 | 나의 제품 기술과 차이점 |
|---|---|---|
| 기술 a | | |
| 기술 b | | |
| 기술 c | | |
| 기술 d | | |
| ⋮ | ⋮ | ⋮ |
| 기술 n | | |

<그림 6-12> 상대방의 핵심 기술과 나의 기술 비교 분석

## Step 5 특허 확보 대상 기술 결정

Step 4의 분석 결과를 바탕으로 각 기술을 1 그룹과 2 그룹으로 분류한다. 1 그룹으로 분류된 기술이 특허 확보 대상 기술이다. 2 그룹으로 분류된 기술은 특허 확보 대상에서 일단 제외한다. 1 그룹에 속한 기술이 많다면 개량 기술 개발 용이성, 타사 적용 가능성 등을 판단하여 우선순위를 정한다.

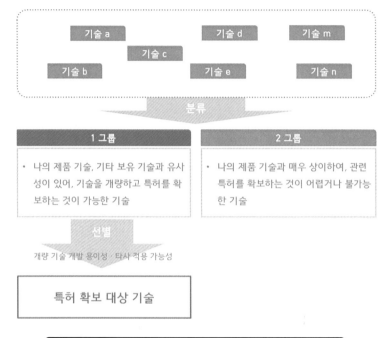

기술 a
기술 c
기술 b
기술 d
기술 m
기술 e
기술 n

분류

| 1 그룹 | 2 그룹 |
|---|---|
| • 나의 제품 기술, 기타 보유 기술과 유사성이 있어, 기술을 개량하고 특허를 확보하는 것이 가능한 기술 | • 나의 제품 기술과 매우 상이하여, 관련 특허를 확보하는 것이 어렵거나 불가능한 기술 |

선별

개량 기술 개발 용이성 · 타사 적용 가능성

특허 확보 대상 기술

**<그림 6-13> 상대방을 공격할 수 있는 특허 확보가 가능한 기술 선정**

### Step 6 특허 확보를 위한 아이디어 발상

Step 5에서 특허 확보 대상으로 정한 기술 각각에 대해 발명 아이디어를 도출한다.[61]

### Step 7 특허 출원 아이디어 결정

Step 6에서 도출된 아이디어 전부를 특허 출원할 것인지, 특정 건만 출원할 것인지 결정한다. 특허 출원 여부를 결정하는 기준은

------------------------------

61 브레인스토밍이나, SCAMPER, P.O.W.E.R. 등의 다양한 아이디어 도출 프레임 중 적합한 것을 활용하면 된다.

여러 가지이나, 특허 공격에 대한 대비가 목적이므로 1) 상대방 업체가 그 기술을 채용할 가능성, 2) 침해 포착 용이성 3) 데이터 확보 난이도 등의 항목은 반드시 포함한다. 선행 기술 조사를 진행하고, 그 결과를 고려하여 최종적인 출원 대상을 결정한다.

출원 대상이 결정되면 선행 기술을 피해 가장 넓은 범위로 권리를 설계한다. 권리 설계 방법에 대해서는 4장에서 자세히 설명하였다.

시장(산업)의 특성과 시장에서 기업의 위치에 따라 특허 출원의 목적이 달라지며 필요한 특허의 성격도 달라진다. 기술의 독점을 원한다면 경쟁자가 회피 설계하여 시장을 파고들 여지를 주지 않는 특허를 확보해야 한다.

이에 비해, 특허 공격을 준비하거나 반대로 이를 방어할 필요가 있는 업체라면, 상대방 제품에 적용될 가능성이 있는 특허를 확보해야 한다. 모든 특허는 등록되어야 권리 주장이 가능하며 가능한 가장 넓은 권리를 확보해야 하므로 4장에서 설명한 권리 설계의 기본이 반영되어야 한다.

## 공격 특허 VS 방어 특허

창은 공격 무기이고, 방패는 방어용 무기이다. 특허도 이렇게 깔끔하게 공격용과 방어용으로 구분할 수 있을까? 공격용 특허란 상대방의 제품에 쓰이고 있어서 특허 분쟁을 제기할 수 있는 특허이다. 그렇다면 방어용 특허는 상대방의 공격을 예방하거나 공격에 대항할 수 있는 특허가 될 것이다. 그러나 문제는 공격용 특허와 방어용 특허로 구분하는 것이 불가능하고 의미도 없다는 것이다. 전쟁용 무기와 달리, 공격에 사용할 수 없는 특허는 방어용도 되지 못하기 때문이다.

상대방에게 강력한 특허가 있을 때, 방어를 위해 내 제품에 대한 개량 특허를 확보했다고 하자. 예를 들어, 상대방의 특허는 핵심 소재에 관한 것이며 나의 개량 특허는 첨가제를 포함하는 핵심 소재에 관한 것이다. 핵심 소재 특허의 특허권자는 내가 첨가제를 포함하는 핵심 소재에 관한 특허를 가지고 있건 없건, 내가 그 핵심 소재를 제품에 사용하면 나에게 특허 소송을 걸 수 있다. 내가 개량 특허를 가지고 있어도 상대방의 특허를 침해한다는 점에는 변함이 없기 때문이다.

흔히 방어를 위해 내가 개발한 개량 기술에 대해 특허를 확보한다고 하지만 다시 생각해 보아야 한다. 상대방은 나의 심장을 향해 창을 겨누고 있는데 나는 방패로 쓸개를 가리는 전략을 택한 것과 같다. 실제 방패라면 쓸개를 가렸던 방패를 심장 쪽으로 이동시키면 되겠지만, 특허에서 쓸개용 방패는 쓸개를 가리는 데에만 쓸 수 있다. 앞의 예에서, 내가 첨가제를 포함하는 핵심 소재에 대한 특허를 가지고 있어도 핵심 소재에 대한 특허를 가진 상대방의 특허 공격을 막을 수 없다는 말이다. 공격에 쓰지 못하는 특허는 방어에도 쓸모가 없다.

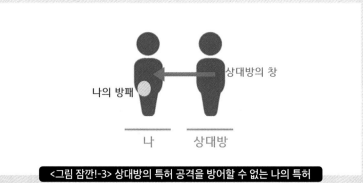

**<그림 잠깐!-3>** 상대방의 특허 공격을 방어할 수 없는 나의 특허

　다만, 상대방이 내 개량 특허 기술을 채택하고 있다면 나도 상대방을 공격할 수 있으므로, 상대방이 나를 공격하는데 주저하거나 공격을 포기하게 할 수 있다. 이때 나의 특허는 방패가 아니라 뾰족한 창이며 상대의 공격을 예방하거나 이에 대응하는 용도이므로 공격용이 아니라 방어용이다. 즉, 특허는 상대방의 공격을 저지하는 방어용 창이다.

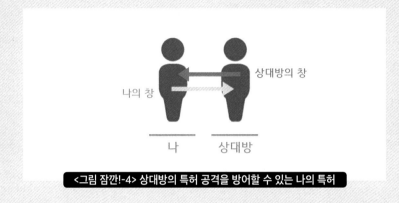

**<그림 잠깐!-4> 상대방의 특허 공격을 방어할 수 있는 나의 특허**

　힘을 발휘할 수 있는 특허는 상대방의 제품에 사용되는 특허, 즉 방패가 아니라 창이다. 이러한 특허를 상대방을 제압하는 공격용으로 활용할지, 상대방의 공격을 예방하거나 방어하는 데 사용할지는 처한 입장에 따라 전략적으로 결정될 것이다. 즉, 특허 자체에 '공격 특허'나 '방어 특허'의 표식을 붙일 수 있는 것은 아니다.

# 제7장

## 나의 특허:
## 특허를 얼마나 많이
## 확보해야 하는가?

자원을 많이 투입할수록 많은 무기를 확보할 수 있겠지만 무기
확보에 모든 자원을 쏟아 부을 수는 없다. 자원은 한정적이므
로 전쟁의 목적과 처한 상황을 고려할 때 적절한 무기의 양을
산출해야 한다. 무기가 너무 적어도 목적을 달성할 수 없고 너
무 많다면 재정에 타격을 입게 된다. 특허도 그러하다. 얼마만
큼의 특허가 필요한지 생각해 보자.

# 특허는 다다익선?

A 업체는 지식 재산 경쟁력을 획기적으로 높이기 위해 생산 예정인 건설 소모품과 관련된 특허를 20건 출원하려고 한다. 만약 해당 건설 소모품 업계에 특허 분쟁이 전혀 없고, 타사가 제품의 기술을 모방할 우려도 없으며, 다만 투자 유치를 위해 특허가 필요하다면, 20건의 특허는 적당한가?

특허는 기술과 사업을 보호하고 고객 확보나 투자 유치에 도움을 주는 등 여러 가지 긍정적인 역할을 하지만 사용되지 않는 특허는 비용일 뿐이다. 초기에 특허 명세서를 작성하고 출원하는 비용, 심사와 등록 비용, 등록 후에도 유지비 등 상당한 비용이 지출된다.[62] 게다가 나의 기술을 공개하여 남들이 따라오기 쉽게 가이드하고 R&D 전략에 대한 힌트를 제공하기도 한다.

따라서 직간접적인 효용과 비용을 고려하여 적절한 수의 특허를 확보해야 한다. 7장에서는 특허를 얼마나 확보하는 것이 좋은지 살펴본다.

--------------------------------

62 삼성, LG 등 대기업의 연간 특허 유지 비용은 몇백 억 단위이며 수십 건의 특허를 보유한 경우 대략 수백만 원~수천만 원의 비용이 소요된다. 연차등록료는 연차와 청구항 수에 따라 증가하며, 우리나라의 경우 청구항 5개인 특허의 13~20년 차의 등록료는 최초 연도의 약 7배이다.

특허 전략이
미래를 바꾼다

너무 적은 수의 특허로는 원하는 목적을 달성하지 못할 수 있다. 그렇다고 다다익선도 아니다. 주어진 환경에서 비용은 최소화하면서도 원하는 목적을 달성할 수 있는 특허의 수를 생각해 볼 필요가 있다.

적절한 수의 특허는 산업의 분쟁 현황, 경쟁 강도, 기술 성숙도, 경쟁 업체, 기업의 역량 등에 따라 크게 달라지므로 정답은 없다. 다만 이러한 다양한 요소들에 기초하여 특허 확보 목적이 정해지므로, 6장에서 구분한 1) 개발 기술의 독점, 2) 특허 분쟁 예방 또는 공격에 대한 방어, 3) 기술력 입증 각각의 특허 확보 목적에 부합하는 특허 수를 도출하는 것이 타당하다.

| | 출원 목적 | 적절한 특허 수 |
|---|---|---|
| 1 | 기술의 독점 | 대상 기술의 효과를 달성할 수 있는 실질적인 회피 방안을 차단하는데 필요한 특허 수 + 개량기술·세부기술 중, 채용 가능성 큰 핵심 기술의 수 |
| 2 | 타사의 특허 공격 방어 타사를 특허로 공격 | 타사의 유효 특허에 맞설 수 있는 당사의 유효 특허 수 |
| 3 | 기술력 입증 | 과제수주, 투자유치 등에서 다투는 경쟁자 대비 동등 이상의 특허 수 |

**<그림 7-1> 특허 확보의 목적과 적절한 특허의 수**

# 1 새로운 기술을 개발하여 시장을 독점하려는 기업

원천 기술을 개발하고 특허를 확보해도 항상 후발 업체의 시장 진입을 전면적으로 차단하고 기술을 독점할 수 있는 것은 아니다. 특허의 수가 부족하거나 혹은 협소한 특허가 일부에 몰려서 빈틈이 남아 있다면 후발 업체를 차단할 수 없기 때문이다. 물론 기술과 제품의 특성에 따라서는 특허가 많아도 기술을 독점하는 것이 어려울 수 있다.[63] 그러나 어떤 경우라도 특허 수가 절대적으로 부족하다면 개발한 기술을 독점하는 것이 거의 불가능하다. 따라서 권리가 협소하지 않은 특허를 기술과 제품의 특성에 따라 적절한 수만큼 확보해야 한다.

그렇다면 얼마나 많은 수의 특허를 확보해야 개발한 기술을 지킬 수 있을까? 단지 특허의 수가 많으면 되는 것일까? 후발 업체의 입장에서 생각해 보면 좀 더 명확해진다. 후발 업체는 특허를 피해 나갈 틈을 찾으려고 할 것이므로, 그러한 틈을 찾는 것을 차단할 수 있는 만큼의 특허가 필요하다.

---

63 한 제품에 수백~수천의 특허권이 발생하는 분야는 여러 업체의 특허권이 서로 얽혀서 한 업체가 기술·제품을 독점하는 것이 더욱 어렵다.

도로를 예로 들어 보자. 이 도로에 적이 침범하는 것을 막기 위한 장벽을 쌓으려면 큰 돌을 사용하여 진입로 전체를 막고 그다음에 작은 돌로 큰 돌 사이의 빈틈을 메워야 한다. 처음부터 작은 돌을 사용하면 너무 많은 돌이 필요하고 전체 진입로를 다 막기도 어렵다. 큰 돌은 몇 개만으로 진입로를 막을 수 있을 정도의 상위 수준의 기술이고 작은 돌은 하위 수준의 개량 기술이다.

다음 그림 7-2에서, 특허 1은 개발한 기술로 확보할 수 있는 최대 범위의 특허이다. a)를 보면, 특허 1의 권리를 최대한으로 설계해도 도로에는 빈 공간, 즉 원하는 성능·효과를 얻을 수 있는 다른 방안

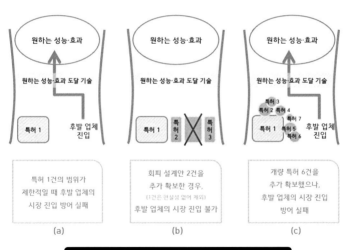

<그림 7-2> 후발 업체의 진입 방지를 위한 특허 확보:
회피 설계 특허 VS 개량 특허

이 있다. 따라서 특허 1만 있다면 후발 업체가 시장에 진입하는 것을 막을 수 없다. (b)에서는 특허 1 이외에 2건의 특허를 더 확보하여 진입로를 막았다. 현실적으로 구현하기가 어렵다고 판단된 한 건은 출원하지 않았다. (c)에서는 (b)에 비해 3배인 6건의 특허를 더 출원하였다. 그러나 진입로를 차단하지 못해 후발 업체의 시장 진입을 막을 수 없었다.

**시장 독점을 위한 최소 특허 건수는 후발 업체가 진입하지 못하도록 장벽을 구축하는 데 필요한 만큼이다.** 대체 방법이 효율이 매우 낮거나 비용이 높아서 현실적으로 적용이 어려운 기술이라면 특허 확보 대상에서 제외해도 된다.

한편, 회피 방안을 차단하는 것으로 항상 시장을 독점할 수 있는 것은 아니다. 다음 그림 7-3의 a)는 특허 1의 권리가 매우 협소하여 원하는 성능과 효과를 달성하는 다양한 회피 방안이 있는 경우이다.[64] 이때 모든 회피 방안을 차단하는 것은 현실적으로 어렵다. 또한 b)에서와 같이 타사가 이미 유력한 회피 방안에 대한 특허를 확보하였거나 이러한 기술이 이미 알려진 기술인 경우도 타사의 시장 진입을 차단할 수 없다. 반면, c)에서와 같이 기술 발전 초기 단계에 새로운 기술을 개발하여 c)와 같이 한 건으로 시장을 독점할 수 있는 경우도 있다.

---------------------------------

64 기술이 성숙되면 이미 공개된 많은 선행 기술과 차별화해야 하므로 넓은 권리를 주장할 수 없다.

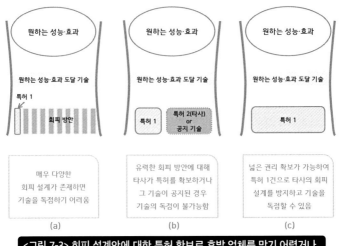

<그림 7-3> 회피 설계안에 대한 특허 확보로 후발 업체를 막기 어렵거나,
회피 설계안에 대한 고민이 불필요한 경우

그렇다면, 개발한 기술과 동등한 성능과 효과를 내는 회피 설계 안이 몇 개뿐일 때, 회피 방안만 차단하면 기술을 독점할 수 있을 까? 회피 방안에 대해 모두 특허를 확보했더라도 후발 업체를 막 을 수 없는 경우가 있다. 6장에서 설명한 바와 같이 후발 업체가 핵 심 개량 기술을 개발하고 그 기술을 원천 특허권자도 채용하여 서 로가 상대의 권리를 침해하므로 원천 특허의 권리를 제대로 주장할 수 없게 되는 경우가 그러하다.

그러나 개량 기술은 세분화할수록 방대하고 발전 방향이 다양하 여 이에 대한 권리를 모두 확보하는 것은 현실적으로 불가능하다. 다양한 개량 아이디어를 도출한 이후에 가장 가능성이 큰 것을 선 정하여 특허를 확보할 필요가 있으며 내가 사용할 가능성이 큰, 즉 나의 R&D 방향에 부합하는 것에 우선순위를 두어야 한다.

 따라서 기술 독점을 목적으로 하는 기업은 **회피 방안을 차단하는 데 필요한 최소의 특허를 우선 확보**하고, 향후 기술 개발 방향에 부합하는 개량 발명에 대해 예산에 따라 특허를 추가로 확보하는 것이 타당하다.

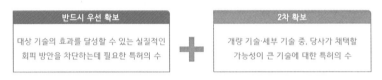

**<그림 7-4> 독점 배타적 활용이 목적인 경우, 확보할 특허의 수**

# 2 특허 공격이 두려운 후발 업체

후발 업체가 선진 업체의 공격을 견제하고 방어하는 것을 목적으로 특허 포트폴리오를 설계할 때는 기술 자체가 아니라 **상대방에 집중해야** 한다. 상대방보다 특허 공격력이 우위이거나 유사하도록 특허 포트폴리오를 설계해야 하므로 **상대방의 특허 공격력을 파악하는 것이 우선이다.**

특허 공격력은 전체 특허 수가 아니라 유효 특허 수에 비례한다. 유효 특허란 타사 제품이 침해하고 있어서 타사를 공격할 수 있는 특허이다. 특허의 수가 아무리 많아도 공격 무기가 될 수 있는 특허가 없다면 염려할 필요가 없다.

대체로 선진 업체보다 후발 업체는 특허 수가 적고 유효 특허 수도 적을 것이다. 그러나 단순히 유효 특허의 수로 특허 분쟁에서 상대방에게 미치는 충격량(impact)이 결정되지는 않는다. 특허 침해에 따른 손해액 산정 방법은 여러 가지가 있지만 매출액을 기준으로 하는 경우가 많다. 따라서 내가 보유하고 있는 특허의 상대방에 대한 충격량은 상대방을 공격할 수 있는 유효 특허 수와 상대방의 해당 제품 매출을 곱한 값에 비례한다. 따라서 선진 업체의 보유 특허가 충격량이 크다고 해도 후발 업체도 선진 업체를 공격할 수 있는 충격량이 큰 무기를 가지고 있다면 선진 업체는 공격을 감행하기가 어려워진다.

**특허 분쟁 없이 사업하고자 하는 후발 업체는 선진 업체가 특허 공격을 결심하기에 부담을 느낄 정도의 유효 특허를 확보하면 된다. 다시 말해 매출을 고려한 충격량이 유사한 수준이 되도록 하는 정도가 최소로 확보해야 할 특허 수이다.**

그러나 분쟁 과정의 변수, 회피 설계 용이성,[65] 특허의 기여도 등 다양한 변수가 영향을 미칠 수 있다는 점을 고려하여 최소로 요구되는 것보다 조금 더 많은 수의 유효 특허를 확보하여 안전한 영역으로 들어가는 것이 바람직하다.

특허 공격이 우려되는 선진 업체의 유효 특허를 파악하는 프로세스는 다음과 같다.

<그림 7-5> 선진 업체의 유효 특허 파악 프로세스

--------------------------------
65 특허가 단 한 건이고 회피 설계가 용이하다면, 상대방이 쉽게 벗어날 수 있다. 반면 상대방은 다수의 유효 특허를 가지고 있다면 모두 회피하는 것이 어려울 것이다.

대상이 되는 특허들을 모으고 단계별 검토를 통해 선진 업체의 공격 무기가 무엇인지 좁혀 간다. 1차 검토 단계에서는 청구항을 검토하여 당사 제품과 명확히 다른 구성 요소를 포함하고 있는 특허를 제외한다.

남은 특허들에 대해서는 청구항 각 구성 요소와 당사 제품에 대응하는 구성 요소를 대비하는 청구항 분석표를 작성하여 당사 제품이 침해하고 있는 특허, 즉 선진 업체의 유효 특허가 무엇인지 찾아낸다.[66] 선진 업체의 유효 특허에 대해서는 회피 설계 등 대책 수립이 용이한 것과 현실적인 해결책을 찾기 어려운 것으로 구분한다.[67] 해결책을 찾기 어려운 특허가 선진 업체의 공격 무기가 될 것이다. 이러한 공격 무기가 몇 개인지, 어떤 제품군에 적용되는지 파악한다.

선진 업체의 유효 특허가 파악되었다면, 선진 업체와 나의 서로에 대한 충격량을 고려하여 내가 추가로 확보해야 할 유효 특허 수를 도출한다. 추가로 확보해야 할 유효 특허 수를 계산하는 방법은 '사례와 추가 설명' 부분에서 설명한다.

---

66 자세한 내용은 1장 참조

67 자세한 내용은 2장 참조

# 3 기술력 지표를 확보하려는 기업

투자 유치, 공공 과제 수주, 고객에 대한 호소 등을 위한 특허가 목적이라면 특허의 수가 중요하다. 투자 유치, 공공 과제 수주는 기관이 정한 요건을 만족하는 것이 최소 요구 사항이겠지만, 수적으로 **경쟁자와 동등 또는 그 이상**의 특허를 확보해야 성공 가능성을 키울 수 있다.

그러나 투자 유치, 공공 과제 수주, 고객 확보가 성공한 이후에는 시장에 진출하는 순서를 밟게 될 것이므로, 기술의 독점과 타사의 특허 공격에 대한 방어 목적도 고려하여 중장기적인 계획을 수립할 필요가 있다.

특허 전략이
미래를 바꾼다

# 4 특허 포트폴리오 관리

전략적인 판단에 따라 특허를 확보했더라도 시간이 지나면 시장 환경 변화, 사업 전략 수정, 신기술 출현 등으로 특허의 보유 가치가 낮아지거나 없어질 수 있다. 효용이 거의 없는 특허에 대한 비용 지출을 방지하기 위해 정기적으로 보유 특허를 평가하여, 버릴 것은 버리고 보완할 것은 보완하여 특허 포트폴리오를 관리해야 한다.

그렇다면 어떤 기준으로 옥석을 가려낼 것인가? 많은 특허 비용에 부담을 느끼다가도 막상 특허를 포기하려고 하면 언젠가 쓰일 날이 있을 것 같아 경솔한 것은 아닌지 고민하게 된다. 따라서 객관적으로 이해할 만한 기준이 필요하다. 기업의 사업 전략과 시장에서의 위치 등에 밀착하여 항목과 판단 기준을 정해야 한다. 우선 아래 그림 7-6과 같이 기업의 사업 전략에 따라 각 특허를 분류하고 가장 사업성이 없는 사업의 특허를 포기 또는 매각하는 것이 가장 간단한 방법이다. 사업군을 구분하는 방법은 다양하나, 여기서는 경영 전략에 널리 활용되는 BCG 매트릭스(BCG Matrix)[68]의 프레임을 편의에 따라 수정하였다.

---

68 보스턴 컨설팅 그룹에서 개발한 기업의 전략 수립 분석 도구로서, '성장-점유율 매트릭스'라고도 한다. 상대적 시장 점유율과 시장 성장률의 두 가지 기준으로 사업을 평가하고 이에 따라 자원을 효율적으로 분배할 수 있다.

차기 성장 동력은 BCG 매트릭스의 '물음표(Question Mark)' 항목에 해당하며 연구 개발 단계이거나 아직 매출이 적은 초기 단계의 불확실성이 높은 사업이다. 주력 사업으로 성장할 수도 있고 정리 대상이 될 수도 있다. 현재 주력 사업은 시장 점유율이 높고 시장 성장성도 높은 '별(Star)'과 시장 점유율은 높으나 시장 성장률은 낮은 '캐시 카우(Cash Cow)'를 포함한다. 정리 대상 사업은 시장 자체가 쇠퇴하거나 기업의 시장 경쟁력이 낮아져서 철수하는 사업으로서 BCG 매트릭스의 '개(Dog)'에 해당한다. 특허 포트폴리오를 재정비하고자 한다면 정리 대상 사업에 속하는 특허를 포기하거나 매각하는 것이 타당하다.

<그림 7-6> BCG 매트릭스를 이용한 사업군 분류

그러나 정리 대상 사업의 특허 중에도 기업의 핵심 역량과 부합하여 유지해야 할 것이 있는가 하면, 주력 사업에 속하는 특허 중에도 전혀 활용 가치가 없는 것도 있다. 따라서 좀 더 정교한 평가를

특허 전략이
미래를 바꾼다

하려면, 각 사업 분류별로 특화된 판단 기준이 필요하다. 활용 가치는 현재의 활용 가치뿐 아니라 미래의 활용 가치도 판단한다. 현재의 활용 가치는 모든 사업 분류에 대해 동일한 기준으로 용이하게 판단할 수 있지만, 미래의 활용 가치는 분류마다 다른 기준으로 볼 필요가 있다. 예를 들어, 차기 성장 동력은 기술과 시장 니즈의 변동 가능성이 크므로 중장기적인 시각으로 판단해야 한다. 따라서 당장 판단하기 어려운 활용도보다는 파급력에 더 큰 가중치를 두는 것이 타당하다.

현재의 주력 사업에 속하는 특허는 타사의 모방을 저지하고 특허 분쟁을 예방하거나 방어하는 역할을 해야 한다. 따라서 자사 제품에 관한 특허뿐 아니라, 자사 제품과는 관련이 없지만 타사 제품에는 적용 가능한 특허, 즉 타사를 공격하는 데에 활용될 수 있는 특허는 모두 유지해야 한다. 필요 이상으로 특허가 많아서 일부를 포기해야 한다면, 핵심 기술과의 관련도가 중요하게 고려되어야 한다.

정리 대상 사업에 관한 특허는 포기 1순위이지만 기업의 핵심 역량과 관련된 특허는 향후 다른 사업에 활용될 수 있으므로 예외로 하여 유지하는 것이 바람직하다. 정리 대상 사업이 시장 자체가 쇠퇴하는 사업인지 타사에 비해 경쟁 우위를 상실한 사업인지 구분해야 한다. 예를 들어 이차전지 시장은 성숙기이나, 경쟁 우위를 상실한 기업은 보유 특허를 이용하여 특허권 행사를 할 수도 있고 경쟁사에 특허를 매각할 수도 있다.

| 차기<br>성장 동력 | • 가능하면 특허 유지<br>• 사업화 방향이 정해지거나, 정리 대상 사업이 될 때 판단<br>• 선택해야 한다면, 파급 효과가 큰 것에 가중치 부여 |
|---|---|
| 현재<br>주력 사업 | • 이미 트렌드에서 벗어나 활용 가치 없는 특허만 선택적으로 포기<br>• 자사 제품과 타사 제품 관련 특허 모두 유지<br>• 일부만 선택해야 한다면, 핵심 기술(core technology) 관련도 평가<br>• 시장이 초기 단계일수록 특허 포기 신중 |
| 정리<br>대상 사업 | • 대부분 불필요<br>• 기업의 핵심 역량과 관련되어 향후 활용될 가능성 있으면 유지<br>• 산업이 쇠퇴기인 특허 포기<br>• 기업이 경쟁 우위를 잃은 것이라면, 특허 매각 또는 특허권 행사 검토 |

<그림 7-7> 특허권 포기 대상 선정

평가 기준이 마련되었다면, 누가 평가할 것인가를 정해야 한다. 기술, 사업 전략, 그리고 특허에 대한 이해도가 모두 필요하므로 삼 박자를 갖춘 인력이 가장 바람직하다. 그러나 적절한 인력이 없다 면 연구 개발 경험이 있는 기획 전문가와 기술 이해도가 높은 특허 전문가가 협업하는 것이 적합하다. 연구 개발자는 기술의 우수성에 편향되어 시장과 권리 관점을 경시하는 경향이 있으며, 특허 전문가 라도 기술 이해도가 낮으면 특허의 가치를 제대로 보기 어렵다.

# 사례와 추가 설명

## 기술을 독점하고자 할 때 필요한 최소한의 특허 건수

필수 구성 요소가 a, b, c인 발명에 대해 후발 업체가 회피할 수 없도록 하기 위한 최소한의 특허 수를 도출해 보자.

| 필수 구성 요소 | 동일한 목적을 달성할 수 있는 다른 수단 |
|---|---|
| a | a의 대체 수단, x |
| b | b의 대체 수단, y　　b의 대체 수단, z |
| c | c의 대체 수단 없음 |

❖ 필수 구성 a와 회피 설계 x를 포괄하는 구성 요소 ①과 필수 구성 b와 회피 설계 y, z를 포괄하는 구성 요소 ②로 확장하여 1건으로 작성

　①(a, x 포함) + ②(b, y, z 포함) + c

❖ 만약, 필수 구성 a와 x를 포괄하는 구성 요소 ①은 가능하나, b, y, z 은 통합하기 어렵고 각각 출원해야 등록받을 수 있다면, 최소 3건을 출원해야 회피 설계를 막을 수 있음

　①(a, x 포함) + b + c
　①(a, x 포함) + y + c
　①(a, x 포함) + z + c

❖ 회피 설계안 x, y, z를 각각 출원해야 등록받을 수 있다면 최소 6건을 출원해야 회피 설계를 막을 수 있음

　a + b + c　　　　x + b + c
　a + y + c　　　　x + y + c
　a + z + c　　　　x + z + c

**<그림 7-8> 대체 수단이 있는 경우, 회피 설계 불가 출원 방안**

그림 7-8에서, 구성 요소 a는 x로 대체할 수 있으며, 구성 요소 b는 y나 z로 대체할 수 있다. 발명의 필수 구성 요소는 3가지이므로 대체 요소를 조합하면 총 6가지가 나온다. 다시 말해 a, b, c로 구성된 발명이 특허로 등록되어도 후발 업체는 회피 방안을 5가지나 찾을 수 있는 것이다. 따라서 6가지 발명을 포괄하는 특허 장벽을 구축해야만 후발 업체의 회피 설계를 방지할 수 있다. 필수 구성 요소 a, b, c에 관한 특허와 이에 대한 회피 방안 5가지를 특허 한 건에 모두 포함하는 것이 최선이겠으나, 발명의 내용상 이것이 불가능하다면 적절하게 나누어 특허를 확보해야 한다.[69]

---

69 6개의 발명이 서로 관련성이 있는 1군의 발명에 해당하면 하나의 특허 출원으로 하는 것이 가능하나, 1군의 발명이 아니면 개별적으로 특허 출원을 해야 한다.

## 선진 업체의 특허 공격에 대비하고자 할 때
## 필요한 특허 건수

　선진 업체인 (P)와 후발 업체인 (Q)의 예를 들어 보자. (P)는 매출이 150억 규모이며 후발 업체인 (Q)를 공격할 유효 특허를 10개 확보하고 있다. 후발 업체인 (Q)는 매출 규모가 20억 정도이며 (P)에 대한 유효 특허가 단 한 건뿐이다. 유효 특허 수가 10배 우세한 (P)는 (Q)에 대한 공격을 쉽게 감행할 수 있을까?

　매출을 고려한 특허의 충격량을 다음의 그림 7-9에서 살펴본다. (P)가 가진 10개의 특허로 (Q)를 공격한다면 (Q)의 매출 20억에 대한 것이며 (Q)가 가진 1개의 특허로 (P)를 역공격한다면 (P)의 매출 150억에 대한 것이다. 유효 특허 수와 매출을 곱한 충격량 비를 계산해 보면 (P)는 200, (Q)는 150이 된다. 숫자상으로 (P)가 우세하기는 해도 소송을 감행하기에는 예상되는 이익이 적고, 소송 과정에는 다양한 변수가 존재하므로 망설이게 될 가능성이 있다. (Q)는 단 한 건의 유효 특허로 소송을 방지할 수 있는 것이다. 만약 (Q)의 유효 특허가 두 건이라면, 충격량이 2배가 되므로 오히려 (P)에 비해 우세하게 된다. 즉 매출이 선진 업체에 비해 상대적으로 적은 후발 업체는 적은 수의 유효 특허로도 효율적으로 방어할 수 있다.

| (P)의 (Q)에 대한 충격량 | (Q)의 (P)에 대한 충격량 |
|---|---|
| (Q)에 대한 (P)의 유효 특허 수 x (Q)의 관련 사업 매출 | (P)에 대한 (Q)의 유효 특허 수 x (P)의 관련 사업 매출 |
| • (Q)에 대한 (P)의 유효 특허 수 - 10개<br>• (Q)의 관련 매출 - 20억<br>➢ 충격량(impact): 10 x 20 = 200 | • (P)에 대한 (Q)의 유효 특허 수 - 1개<br>• (P)의 관련 매출 - 150억<br>➢ 충격량(impact): 1 x 150 = 150 |

**<그림 7-9> 매출액 규모가 다른 업체 간의 상호 특허 충격량(impact) 비교**

지금까지 살펴본 특허 분쟁을 우려하는 후발 업체의 특허 출원 건수 도출 프로세스를 정리하면 아래 그림 7-10과 같다.

특허 분쟁이 우려되는 업체 결정

| 당사를 공격할 수 있는 상대방 업체의 특허 파악 | 상대방을 공격할 수 있는 당사 특허 파악 |
|---|---|
| 대응 전략 수립이 불확실·불가능한 특허 파악 | |
| 상대방의 각 공격 특허와 관련된 당사 제품의 매출액 | 당사의 공격 특허과 관련된 상대방 제품의 매출액 |

상대방과 당사의 특허 충격량 비교

출원 목표 건수 결정

**<그림 7-10> 특허 분쟁을 우려하는 후발 업체의 특허 출원 건수 도출 프로세스**

특허가 많다고 좋은 것은 아니다. 목적과 상황, 비용을 고려하여 적절한 수의 특허를 확보하고 유지하는 것이 중요하다. 따라서 장기적, 단기적 특허 확보 계획과 특허 포트폴리오 관리가 필요하다.

# 여러 사업군을 보유한 기업의 특허 전략 수립

5장부터 7장까지 기술 수명 주기와 현재 기술의 위치, 분쟁 가능성, 기업의 기술·시장 위치와 특허 확보 목적 등 기업의 특허 창출 전략 도출을 위한 다양한 고려 사항을 소개했다.

어떤 것을 어떤 순서로 해야 하며 무엇이 가장 중요한가? 특허 확보 목적, 즉 '특허를 어떻게 활용할 것인가'를 명확히 하는 것이 핵심이다. 6장에서 살펴보았듯이 특허 확보 목적이 확실해지면 특허 창출 전략의 큰 방향이 정해진다. 기술 수명 주기와 현재 기술의 위치, 분쟁 가능성과 기업의 기술 위치 등을 분석하는 것도 특허 확보 목적을 좀 더 분명하게 하기 위함이다. 특허 확보 목적이 분명하면 이러한 분석이 필요하지 않을 수도 있으나, 각 항목을 검토함으로써 직관적으로 생각했던 특허 확보 목적의 타당성을 명확히 하는 것이 바람직하다.

**<그림 잠깐!-5>** 각 기술·제품의 특허 확보 전략 수립에 영향을 미치는 요소들

하나의 사업 또는 제품에 대한 분석이 되었더라도 문제는 아직 남아있다. 대부분의 기업은 여러 사업을 동시에 추진하며 각 사업에는 복수 개의 제품과 다양한 세부 기술이 있어서 통합적인 특허 창출 전략을 수립하기가 쉽지 않기 때문이다.

여러 사업군을 총괄하는 기업의 특허 창출 전략을 수립하기 위해, 우선 전략 수립 대상을 정한다. 대상은 개별 제품 또는 핵심 기술이 될 수 있다. 그런 다음 세부 기술을 나열하고 필요에 따라 묶거나 더 세분화하여 검토 단위를 만들고, 각 단위마다 특허의 필요성을 판단한다. 이미 쇠퇴기에 도달했거나 특허 분쟁 가능성도 없고 사업도 안정적인 제품과 기술에 대해서는 특허가 필요하지 않을 것이다.

| 사업 구분 | 제품 모델 | 세부 기술 | 기술 그룹핑 | 특허 확보 필요성 |
|---|---|---|---|---|
| 사업 1 | 제품 1-1 | | 기술 ① | 필요 |
| | | | 기술 ② | 불필요 |
| | 제품 1-2 | | 기술 ③ | 필요 |
| | | | 기술 ④ | 필요 |
| 사업 2 | 제품 2-1 | | 기술 ⑤ | 필요 |
| | | | 기술 ⑥ | 필요 |
| | 제품 2-2 | | 기술 ⑦ | 불필요 |
| | | | 기술 ⑧ | 불필요 |
| | 제품 2-3 | | 기술 ⑨ | 필요 |
| 사업 3 | 제품 3-1 | | 기술 ⑩ | 필요 |
| | | | 기술 ⑪ | 필요 |
| | | | 기술 ⑫ | 필요 |

**<그림 잠깐!-6> 전체 사업의 출원 계획 수립 (1): 대상 결정**

각각의 전략 수립 대상마다 필요한 분석을 수행한 후, 특허 확보 목적을 정의한다. 미래 시장에 대비하여 개발한 기술은 '기술의 독점', 선진 업체의 특허 공세가 두려운 분야는 '분쟁 대비'가 목적이 되며, 고객 확보, 과제 수주 등이 기타 목적이 될 수 있다. 목적이 정해졌다면, 해당 목적을 달성하기 위한 특허 건수를 대략 도출한다. 특허 예산이 충분하다면 모두 출원하고 그렇지 않다면 우선순위와 기업의 경제적 여건을 고려하여 출원 건수를 조절한다.

| 대상 기술 » | 특허 확보 목적 | 출원 계획 | 우선 순위 |
|---|---|---|---|
| 기술 ① | 기술 독점 | 7건 | ***** |
| 기술 ② | | | |
| 기술 ③ | 특허 분쟁 대비 | 3건 | ***** |
| 기술 ④ | 특허 분쟁 대비 | 1건 | *** |
| 기술 ⑤ | 고객 확보 | 3건 | * (유보) |
| 기술 ⑥ | 기술 독점 | 2건 | *** |
| 기술 ⑦ | | | |
| 기술 ⑧ | | | |
| 기술 ⑨ | 기술 독점 | 5건 | ***** |
| 기술 ⑩ | 특허 분쟁 대비 | 3건 | **(유보) |
| 기술 ⑪ | 특허 분쟁 대비 | 2건 | *** |
| 기술 ⑫ | 특허 분쟁 대비 | 1건 | **** |
| | | 총 27건 중 21건 출원 결정 | |

<그림 잠깐!-7> 전체 사업의 출원 계획 수립 (2):
특허 확보 목적부터 출원 건수 계획

# 제8장

## 나의 특허: 발명을 항상 특허로 보호해야 하는가?

기술을 보호하는데 항상 특허가 최선의 수단인 것은 아니다. 노하우로 보호하는 것이 더 나을 수도 있다. 권리를 주장할 수 도 없는데 기술만 공개하는 경우는 없도록 해야 한다.

# 특허 VS 영업 비밀

코카콜라 레시피는 영업 비밀로 오랫동안 효과적으로 보호되고 있다. 코카콜라 레시피를 특허로 보호하려고 했다면 어떻게 되었을까?

첫째, 특허 출원 후 20년이 지난 시점부터 누구나 합법적으로 코카콜라와 똑같은 레시피로 제품을 만들어 팔 수 있게 된다. 특허라는 보호막이 사라진 이후에 만인에게 공개한 레시피로 시장에서 지속적인 우위를 유지하기는 쉽지 않았을 것이다.

둘째, 특허 기간이 남아있는 동안에도 코카콜라의 공개된 기본 조성을 토대로 다양한 변형 음료가 개발되어 코카콜라의 아성을 위협했을 수도 있다. 물론 코카콜라는 특허권을 이용하여 경쟁 업체를 제지하려고 했을 것이다. 그러나 모방 제품의 원료나 제조 공정을 파악하기 어려워 특허권을 행사하지 못하게 되었을 수도 있고, 경쟁자들이 필사적으로 특허를 피하는 레시피를 개발했을 가능성도 배제할 수 없다.

8장에서는 개발한 기술을 특허로 보호하는 것이 바람직한지 판단하는 방법과 침해 입증이 어려운 기술을 권리 주장이 가능한 특허로 만드는 방안을 살펴보고자 한다.

특허를 출원하고자 한다면 특허 출원, 심사, 등록 유지 등에 소요되는 비용의 상쇄는 물론이고 기술이 공개되는 위험까지 상쇄하고 남을 만큼의 효용이 있어야 있다. 특허의 효용은 경쟁사의 모방 저지, 신규 업체의 시장 진입 억제, 라이선스 수입, 연구 과제 수주, 고객 확보를 위한 활용 등 직간접적으로 다양하다.

경쟁사의 모방을 막고, 개발 기술을 독점하고자 할 때 특허 확보가 항상 최선의 방안인 것은 아니다. 특허가 기술 혁신을 보호하는데 강력하고 유용한 수단임에 틀림없으나, 유일한 수단도 완벽한 수단도 아니다.

일반적으로 특허는 공정 혁신보다 제품 혁신을 보호하는데 더 적합하다고 알려져 있다. 특허로 기술 혁신을 보호하려면 반드시 기술 내용을 공개해야 하고, 타인의 무단 사용을 저지할 수 있어야 한다. 공개된 공정 기술은 누구나 모방할 수 있으나, 상대방이 특허의 공정 기술을 사용하고 있다는 것을 입증하기는 어렵다. 따라서 특허권을 주장하지도 못하고 오히려 타인에게 기술만 가르쳐 주는 결과를 초래할 수 있다.

따라서 최종 제품에서 파악되지 않는 공정 기술은 특허를 받아도 경쟁사나 신규 업체에 그 영향력을 효과적으로 발휘하기 어렵다.[70] 이 경우 경쟁자는 특허 기술을 용이하게 모방하고 심지어 더욱 발전된 기술을 개발할 수도 있다. 따라서 최종 제품에서 확인하는 것이 쉽지 않은 제조 공정, 초기 조성, 첨가제 등에 관한 기술은 특허로 보호할지 영업 비밀로 보호할지 신중하게 결정해야 한다.

특허와 영업 비밀의 특징은 그림 8-1과 같다. 특허는 등록되면 청구항에 기재된 내용을 보호받을 수 있는 데에 비해 영업 비밀은 비밀로 관리되는 경우에 한해 보호되며 보호 범위도 명확하지 않다. 후에 타인이 독자적으로 동일한 기술을 개발한 경우, 특허는 그 타인의 실시를 막을 수 있는 반면 영업 비밀은 그렇지 못하다.

| 구분 | 특허 | 영업비밀 |
| --- | --- | --- |
| 보호 요건 | 특허 등록 | 비밀로 관리 |
| 공개 여부 | 출원 1년 6개월 후 공개 | 비공개 |
| 권리 범위 | 명확(청구항에 명시) | 불명확(비밀유지 내용) |
| 권리 기간 | 출원 후 20년 | 제한 없음(비밀유지 필요) |
| 권리 행사 | 제3자 실시에 대항 | 제3자의 실시 대항 못함 |
| 적용법 | 특허법 | 부정 경쟁 방지법 |

**<그림 8-1> 혁신 보호 수단으로서 특허와 영업 비밀의 특징**

--------------------------------

70 상대방에게 특허 소송을 제기하려면 상대방이 나의 특허를 침해한다는 것을 사전에 확인할 필요가 있다. 물론 소송 과정에서 실사 등을 통해 상대의 공정기술을 밝혀낼 수 있지만 용이하지 않은 것이 사실이다.

기술을 특허와 영업 비밀로서 보호하는 것의 장단점은 다음 표와 같다. 특허는 법적인 독점 배타권이 인정되어 경쟁사의 모방을 법적으로 저지할 수 있다는 장점이 있지만, 독점 배타권 인정의 대가로 기술이 공개되므로 타인이 기술을 알게 되어 모방하거나 개량할 수 있고, 보호 기간이 20년으로 제한된다는 단점도 있다.

영업 비밀로 보호하는 것은 특허와 장단점이 반대이다. 기술이 영업 비밀로 보호되는 한, 타인은 기술 습득에 시간과 비용이 든다. 그러나 어떤 경로로든 기술이 공개되면 타인의 모방을 법적으로 저지하는 것은 쉽지 않으며[71], 타인이 동일한 기술을 개발하여 특허를 취득한다면 그 기술에 대한 법적 권리를 특허권자가 갖게 되어 먼저 개발하여 영업 비밀로 보호하고 있던 업체는 아무런 권리를 갖지 못하게 된다.[72] 평생직장의 개념이 희미해진 현실에서 기술 인력의 이동을 원천적으로 막을 수 없으므로 영업 비밀을 완벽하게 보호하기는 어렵다.

절충안으로서 기술의 일부만 권리화하는 방법이 있다. 특허와 영업 비밀의 장점만 취해 타사의 모방을 억제하면서 법적으로 보호받는 방안을 고려해 볼 수 있다. 그러나 핵심 기술 일부를 숨긴다면 이미 공개된 기술과 차별화되지 않아 등록될 가능성이 작아질 우

---

71 '부정 경쟁 방지 및 영업 비밀 보호에 관한 법률'에 따라 보호받을 수 있지만, 영업 비밀이 부당하게 유출되었다는 것을 입증하기 쉽지는 않을 것이다.

72 타인이 특허 출원 시점에 해당 기술을 이미 사용하고 있었다는 선사용권을 주장하여 특허 공격을 피할 수는 있다.

려가 있다. 일부 기술을 비공개로 해도 등록될 수 있을 정도의 차
별성이 있다면 이것이 가장 좋은 전략이 될 수 있다.

| | 장점 | 단점 |
|---|---|---|
| **특허로 보호 (기술 공개)** | • 보호 범위 명확<br>• 타사 모방 행위에 법적 제지 용이<br>• 기술력 홍보 효과(라이선스 아웃, 고객 확보, 투자 유지 등) | • 기술이 공개되어 타사가 모방 또는 개량이 용이<br>• 20년 동안만 보호됨 |
| **영업 비밀로 보호 (기술 비공개)** | • 기술이 공개되지 않아 타사의 모방 어려움(기술 인력 유출 등으로도 노하우가 공개될 가능성 있음)<br>• 비밀로 유지되는 한 보호 기간의 제약 없음 | • 보호 범위 모호<br>• 타사가 출원하여 기술적 우위 또는 독점 배타권을 주장할 수 있음(타사가 특허를 등록 받아도 선사용을 주장하면 타사로부터 법적 제지를 받지는 않으나, 타사의 권리가 됨) |

**<그림 8-2> 혁신 보호 수단으로서 특허와 영업 비밀의 장단점**

기술을 특허와 영업 비밀로서 기술을 보호하는 것의 장단점을
파악했어도 결정을 내리기는 쉽지 않다. 상황을 객관적으로 판단하
기 위해 다음 표의 고려 사항을 검토해 보자.

| 고려 사항 | 세부 사항 |
|---|---|
| 타사가 용이하게 개발할 수 있는 기술인가? | • 기술적 숙련도와 감각 등의 관련도가 높은 기술인가?<br>• 유사한 기술을 개발하는 업체가 다수인가? |
| 타사가 특허를 확보할 경우 손해가 발생하는가? | • 타사가 침해를 주장할 때 선사용을 명확하게 입증할 수 있는가?<br>• 타사가 특허권을 활용하여 고객 시장을 빼앗을 수 있는가? |
| 특허권으로 타사의 시장 진입·모방 제지 의도가 있는가? | • 신규 업체의 기존 시장 질서 파괴 가능성이 큰가?<br>• 타사가 본 기술을 모방하여 자사의 매출이 감소할 가능성이 큰가? |
| 타사의 기술 모방을 입증할 수 있는가? | • 제품 등으로 자사 모방 기술임을 확신할 수 있는가?<br>• 동일 목적 달성이 다른 기술로도 가능한가? |
| 특허권 확보로 기술을 입증하거나 기술의 범위와 권리를 명확히 할 필요가 있는가? | • 특허를 활용하여 자본 과제를 유지할 필요성이 있는가?<br>• 전략적 제휴, M&A 등의 이슈 발생 가능성이 큰가?<br>• 기술 판매를 추진하는가? |
| 특허가 아니라면 노하우는 비밀로 유지될 수 있는가? | • 기술 인력의 이동이 종종 발생하는가?<br>• 기타 방법으로 경쟁사에 노하우가 유출될 가능성이 큰가? |
| 20년 이상 보호가 필요한가? | • 20년이 지나도 사용될 기술인가? |

**<그림 8-3> 공정 기술의 특허 출원을 결정하기 위한 고려 사항**

　우선, 타사가 쉽게 따라 할 수 있는 기술인지 여부를 검토한다. 유사한 방식으로 연구 개발하고 있는 곳이 많거나, 기술의 특성이 고도의 기술적 숙련도와 감각적 판단을 필요로 하는 것이 아니라면 시점의 차이는 있을지라도 동일한 기술이 개발될 가능성이 크다. 이러한 경우라면 기술을 특허로 보호하는 것이 바람직하다.

　만약 경쟁사가 동일한 기술을 개발할 확률이 있음에도 기술을 영업 비밀로 보호할 것을 고려 중이라면 경쟁사가 그 기술의 특허권을 확보할 경우 어떤 문제가 발생할 것이며 이에 대한 대비책은 있는지 생각해 보아야 한다. 경쟁사는 나에게 특허 침해를 주장할수 있다. 선사용[73] 사실을 입증하지 못하면 먼저 기술을 개발했음에도 불리한 입장이 될 것이다. 경쟁사는 침해 소송 이외에도 특허를 이용하여 고객 확보나 투자 유치, 기술 판매 등에서 유리한 위치를 차지할 수 있다.

경쟁 환경 즉 독점 배타적 권리를 행사할 필요성도 고려해야 할 중요한 항목이다. 경쟁 업체와의 기술 경쟁이 치열하고 신규 업체의 시장 참여가 활발한 환경에서는 향후 소송을 걸어서라도 주도권을 지켜야 할 상황이 될 수 있으므로 특허권을 확보하는 것이 필요하다. 이 경우에는 실질적으로 독점 배타권을 행사하는 데에 어려움이 있는지 따져 보아야 한다. 특허권 행사에 기본이 되는 상대방의 특허 침해 사실 파악이 매우 어렵거나 불가능한 경우도 있다. 물적 증거가 확보되지 않았더라도 다양한 경로를 통해 특허 기술을 사용한 것이 강력하게 추정되는 상황이라면 소송을 제기하여 가부를 확인할 수 있다. 그러나 확실한 물적 침해 증거 확보가 가능한 경우에 비해 불확실성이 있는 것이 사실이며, 강력한 추정이 불가능

---

73 '선사용'은 해당 특허 출원 이전부터 그 기술을 사용하고 있는 경우를 말한다. 특허법은 타인의 특허 출원 이전에 그 특허 출원 발명의 내용을 알지 못하고 동일한 발명을 하거나 그 발명자로부터 알게 되어 국내에서 실시 사업을 하거나 사업 준비를 하고 있는 자는, 그 실시 또는 준비를 하고 있는 발명 및 사업의 목적 안에서 특허 출원 발명에 대한 특허권에 대해 통상 실시권을 가질 수 있다고 규정하고 있다. 이를 '선사용에 의한 통상 실시권'이라 한다.

하다면 침해 소송 등의 법적 조치를 취하는 것이 주저될 것이다.[74]

특허 출원이 망설여지는 이유 중 가장 큰 것이 기술 공개라면, 다른 경로로 기술이 유출될 가능성이 있는지를 살펴보아야 한다. 어차피 기술 인력의 이동 등으로 기술 유출 가능성이 크다면 영업 비밀로서 보호하는 것은 바람직하지 않다. 이럴 때에는 특허를 확보하여 법적 제재 조치를 취할 수 있도록 하는 것이 좋다.

그러나 기술의 수명이 20년보다 훨씬 길다면, 노하우로 보호하는 방안을 신중하게 검토해야 한다. 특허는 출원일부터 20년이 경과하면 권리가 소멸하여 모든 사람이 자유롭게 사용할 수 있게 되기 때문이다.[75]

일반적으로 최종 제품의 구조, 형상, 조성 관련 기술과 달리 제조 (생산) 공정 또는 제조 공정 중에 조성이나 물성이 변하는 원료와 관련된 기술에 대한 특허 출원은 망설여질 것이다. 침해 여부 확인이 어려워 특허의 활용성이 떨어지고 기술만 공개하는 것이 될 수 있기 때문이다. 그러나 이런 기술도 때로는 침해 확인이 용이하도록 표현할 수 있다. 예컨대, 제조 공정 조건이나 첨가제가 그 자체로는 최종 제품에서 파악되지 않지만 이들이 최종 제품에 흔적을 남기는 경우가 있다. 이 경우 침해 확인이 용이하도록 권리를 설계할 수

---

74 특허 침해 소송은 민사 소송이므로 침해 사실의 입증 책임이 원고에게 있다.

75 의약, 농약 관련 발명의 경우 예외적으로 최대 25년까지 인정된다.

있다. 침해 확인이 용이한 특허로 전환할 수 있는지 다음 질문을 던져 보자.

**1** 해당 기술을 적용했을 때, 최종 제품에서 달라지는 **구조·형상**은 무엇인가?

- Dimension·········길이, 두께, 곡률 등
- 미세 구조·········기공도, 기공 형상, 비표면적, 결정도, 입자 분포 등
- 기타··············색깔(UV-Vis spectroscopy 특정 peak로 관찰) 등

**2** 해당 기술을 적용했을 때, 최종 제품에서 달라지는 **물성·특성**은 무엇인가?

- 기계적 특성·········강도, 탄성율, 인장 강도, 연신율 등
- 전자기적 특성·······전기 저항, magnetic susceptibility 등
- 화학적 특성·········내산성, 접촉각, 용해도 등
- 광학적 특성·········투과율, 반사율, 굴절률, 색좌표 등
- 열적 특성···········내열성, 열 전도성, 열 팽창성 등

**3** 해당 기술을 적용했을 때, 최종 제품에서 달라지는 **물질**은 무엇인가?

- 특정 원소 함량, 최종 물질 조성 등

**<그림 8-4> 침해 확인이 가능한 특허를 확보하기 위한 방안**

침해 확인이 어려운 기술을 적용했을 때, 최종 제품의 구조, 형상, 물성, 물질 중 어느 하나라도 달라지는 것이 있다면, 이에 초점을 맞추어 청구항을 설계할 수 있다.

그렇다면 공정 특허는 전혀 쓸모가 없는 것인가? 일반적으로 공정 특허가 물건(물질) 특허에 비해 상대적으로 권리 행사가 어려운 것은 사실이지만 공정 특허 관련 침해 소송에서 특허권자가 승소한

경우도 많다.[76] 핵심은 최종 제품에서 해당 공정 기술의 사용을 알 수 있거나 강하게 추정할 수 있는가이다. 공장에 들어가야만 확인할 수 있는 온도, 압력, 시간 등의 세부 조건은 침해 입증이 어렵지만, 다음과 같은 경우에는 최종 제품에서 공정 기술을 알아낼 수 있다.

첫 번째, 제조 공정이 명백한 증거를 남기는 경우이다. 예를 들어 절단 방법 특허에서 잘린 형상, 단면의 미세 구조 등으로 특정 기술의 사용을 알 수 있거나 추정할 수 있다. 온도 조건을 증명하기는 불가능하지만 500도 이상의 온도에서 열처리하면 생성되는 특수한 불순물이나 형상이 있다면 공정 조건을 사용하고 있음을 입증할 수 있다.

또한 제조 장치 또는 부품 등에 의해 제조 조건이 결정되는 경우도, 상대방의 제조 장치와 부품에 의해 사용된 공정 기술을 추정할 수 있다.

공장에 들어가지 않으면 파악할 수 없는 세세한 공정 조건이 아니라 광범위한 제조 공법, 일반적인 제조 공정은 그 기술의 사용을 추정하는 것이 비교적 용이하다.

특허 출원하고자 하는 기술이 공정 기술이라면, '특허 출원이 최선의 방안인가? 타인의 침해를 입증할 수 있는 방법은 무엇일까? 어떤 청구항이 효과적일까?'에 대해 고민해 보아야 한다.

--------------------------------

76 참고:《지식재산 21》, 2008년 10월 호, '제조 방법 특허권 행사 시의 유의점'

**침해 확인이 어려운 전도성 패턴 형성 공정 기술을 침해 확인이 용이하도록 청구항을 설계한 사례**

다음 그림 8-5는 최종 제품에서 청구항의 구성 요소를 파악할 수 없는 특허를 침해 확인이 가능하도록 청구항을 재설계한 사례이다.

화학·소재 분야에서는 원료 물질과 공정 조건이 매우 중요하다. 그러나 제조 과정에서 일어나는 화학적 변화에 의해 최종 제품은 원료와 매우 다른 속성을 갖게 되는 경우도 많다. 그림 8-5의 원료 물질도 고온의 소성 과정을 거치게 되면 금속 입자의 입경, 고분자 물질의 초기 함량 등을 알 수 없게 된다. 그러나 특정 원료와 공정 조건을 선택하는 이유는 최종 제품의 특성을 향상시키기 위한 것이다. 따라서 공정 기술은 최종 제품에 어떤 형태로든 흔적을 남기기 마련이다. 이러한 흔적에 주목하여 그림 8-4의 다양한 질문을 스스로 묻고 답을 찾음으로써 공정 기술이 남긴 흔적을 찾아낼 수 있다.

그림 8-5의 소성 온도와 초기 원료 물질은 최종 제품에서 은 결정립 크기, 탄소 함량, 기공도 등에 영향을 미치며, 결과적으로 전기 전도도와 기계적 강도를 변화시킨다. 따라서 소성 후 제품의 탄

소 함량, 은 결정립 크기, 전기적·기계적 특성을 청구항의 구성 요
소로 변경하고, 이에 필요한 데이터와 선행 기술을 검토하여 특허
출원 여부를 결정한다.

**최초 청구항**

평균 입경이 5~10㎛, 1㎛ 이하인 미분 함량이 10% 이하인 구형 Ag 입자 80 wt%와
열가소성 고분자 10 wt%, 유기 용매 10 wt%로 구성된 슬러리를 제조하고,
패턴을 형성한 후 500~700℃로 소성하여 얻은 전기 전도성 패턴

**최초 청구항의 문제점 분석**

소성 과정에서 고분자가 제거되고 Ag 입자가 녹으므로, 소성 후 제품에서는 투입
한 Ag 입자의 크기와 미분 함량, 고분자의 중량비, 소성 온도를 알 수 없음
특허에 중요한 기술을 공개하지만, 향후 권리 주장은 어려움

**청구항의 문제점 해결을 위한 검토**

해당 기술에 의한 최종 제품의 변화 분석(그림 8-4의 각 항목 검토)
• 최초 투입한 금속 입자의 지름과 소성 온도에 따라 소성 후 제품의 기공 구조 달
  라짐(구조·형상)
• Ag 결정 크기(grain size)가 달라지며, 이는 전도도에 영향을 미침
• 고분자가 열분해하여 최종 제품에 일부 남음. 고분자 분해물이 너무 많이 남으면
  전도가 낮아지고, 너무 적으면 기계적 강도가 낮아짐(물질, 물성특성)

**청구항 재설계**

① Ag 분말, 고분자, 용매로 구성된 페이스트를 소성 후, 기공도가 20~35%, 비표
  면적이 ##~##인 도전성 패턴
② Ag 분말, 고분자, 용매로 구성된 페이스트를 소성한 후, 탄소의 함량이 3~9%
  인 것을 특징으로 하는 도전성 패턴
③ 소성 후 Ag 90~99 wt%, 탄소 1~10%, Ag 결정 크기(grain size)가 3~25㎛, 전
  기 전도도가 ##~##인 도전성 패턴

**출원 결정**

① 도전성 패턴의 기공도와 비표면적 측정이 실질적으로 불가능하므로 출원 포기
② 열분해 방식의 측정 기기로 잔존 탄소 함량을 측정할 수 있고 선행 기술과 차
  별화된 범위이므로 출원 결정
③ 성분의 함량, 잔존 탄소량, 결정 크기(grain size), 전기 전도도 모두 용이하게
  측정 가능하며 선행 기술 없으므로 출원 결정

**<그림 8-5> 공정 기술을 침해 확인이 용이한 청구항으로
재설계하는 과정**

**요**

**약**

특허를 출원할 것인가 여부는 철저히 활용과 위험
관점에서 검토해야 한다. 특허권을 활용할 가능성
은 없더라도 홍보 등의 간접적인 효과가 상당하고
경쟁사의 모방과 같은 위험 요소가 없다면 출원하
는 것이 바람직하다. 그러나 활용성에 비해 위험이
크다면 영업 비밀로서 보호하는 것이 타당하다. 특
허로 출원한다면 침해 확인이 가능하여 적극적으
로 특허권을 행사할 수 있도록 권리를 설계하는 방
법을 찾아야 한다.

# 제9장

## 기업의 실행 관점에서
## 종합하면

당신의 회사는 어떤 특허 전략이 필요한가? 특허 분쟁의 위험에 직면해 있는가? 애써 개발한 기술을 후발 업체가 무단으로 사용하지 못하도록 해야 하는가? 아니면, 독점적 지위를 차지하기 위해 튼튼한 특허 포트폴리오를 구축해야 하는가?

지금까지 이 책을 전체적으로 훑어보았다면, 이제 당신의 상황에 따라 해당 부분을 집중하여 보자. 그림 9-1과 같이 필요에 따라 활용할 수 있다.

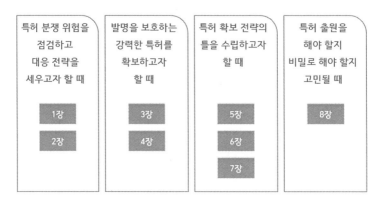

특허 분쟁 위험을 점검하고 대응 전략을 세우고자 할 때

1장
2장

발명을 보호하는 강력한 특허를 확보하고자 할 때

3장
4장

특허 확보 전략의 틀을 수립하고자 할 때

5장
6장
7장

특허 출원을 해야 할지 비밀로 해야 할지 고민될 때

8장

<그림 9-1> 기업의 특허 이슈와 관련된 책의 구성

특허 분쟁의 위협을 느끼는 업체는 1장과 2장을 세밀히 보아야 한다. 위험 가능성이 있는 특허의 청구항과 대상 제품을 비교하여 세밀히 분석하고, 위험이 있는지 판단하는 것이 우선이다. 위험한 특허 즉 침해하는 특허가 있다면, 그 특허의 권리 범위를 벗어나는 설계를 하거나, 그 특허를 무력화하거나, 그 특허의 특허권자를 공격할 만한 무기를 확보하거나, 비즈니스 협상으로 해결하는 등 다각도의 특허 위험 대응 전략을 검토하여 적합한 대응 전략을 결정한다.

새로운 기술이나 제품을 개발한 업체라면, 3장과 4장을 숙지할 필요가 있다. 확보한 특허가 발명을 충분히 보호할 수 있는지, 타인의 선행 특허를 침해하지는 않는지 검토하고, 만약 목적을 달성하기에 부족하다면 제안한 특허 설계 프로세스에 따라 새로운 강한 특허를 설계한다.

기업의 특허 확보 전략의 틀을 정하고자 한다면, 5장부터 7장을 세밀히 살펴보아야 한다. 기술의 특징, 경쟁 환경, 기업의 기술·시장 위치에 따라 특허 확보 목적이 달라지며 목적이 명확해지면 특허 전략의 큰 방향을 결정할 수 있다.

8장은 단편적인 고민에 대한 조언이다. 특허 출원을 하여 경쟁자에게 소중한 정보를 공개하게 되는 것이 걱정되는 경우에 대해 정리하였다. 사례와 추가 설명에서 1장~8장의 특허 전략을 종합적으로 활용한 실제 기업의 사례를 소개한다.

## 사례와 추가 설명

본 사례는 필자가 수행한 국내 기업 X사의 특허 전략 컨설팅 내용이다. 기업에서 특허 전략과 관련된 사항은 기밀이므로 특허 전략을 이해하는 데 문제가 없는 범위 내에서 기술, 특허권자, 특허 내용을 부호화하거나 원래와 다르게 변형하였다. 사례는 전자 제품에 적용되는 핵심 소재에 관한 것이다.

### 1. 환경 분석

컨설팅 대상 제품에 대해 전문가들의 분석 보고서, 객관적인 통계 지표 등을 근거로 환경을 분석하였다. 기술, 산업, 시장, 경쟁사, 특허 분쟁 현황 등의 핵심 이슈는 그림 9-2와 같다.

본 과제의 제품은 시장 성장률이 높고, 글로벌 기업 A사와 B사가 기술과 시장을 주도하고 있으며, 최근 신규 업체인 C사와 D사 등도 시장 점유율을 높여가고 있어 경쟁이 치열하다. 강력한 특허권을 가진 선진 업체들은 다수의 특허 분쟁을 제기하여 후발 업체들을 견제하고 있으며, A사와 B사에서 개발한 기술을 바탕으로 제품을 생산하는 X사에 대해서도 특허 소송을 제기할 가능성이 크다. 따라서 X사는 특허 분쟁을 예방하거나 피해를 최소화하는 특허 전략이 필요하다.

<table>
<tr><td>시장</td><td>• 연 20% 성장 중<br>• 제품 다양화 추세</td></tr>
<tr><td>기술</td><td>• 관련 업체가 새로운 물질 개발에 노력하고 있으나 성공 가능성 작음<br>• 기존 물질과 이를 약간 개량한 물질이 당분간 사용될 것으로 예상</td></tr>
<tr><td>경쟁 업체</td><td>• 글로벌 기업인 A사, B사의 시장 점유율 60% 이상<br>• 5년 전 신규 진입한 C사, D사의 성장률 높음</td></tr>
<tr><td>특허 분쟁</td><td>• A사와 B사가 2000년 후반부터 다수의 특허 소송 제기<br>• C사는 자신의 특허로 중소 업체 위협</td></tr>
<tr><td>X사</td><td>• X사의 시장점유율은 3%이나 최근 연 성장률 30%로 급성장하고 있음<br>• X사의 주력 생산품은 A사, B사에서 최초 기술을 개발한 물질을 개량한 것으로서 X사는 이에 대한 특허 분쟁을 우려하고 있음<br>• X사는 A사, B사의 특허를 피하기 위해 새로운 물질을 개발하고 있으며 개발된 기술에 대해 여러 건의 특허를 확보하였음<br>• X사가 개발한 물질은 기존 물질에 비해 성능과 가격 측면에서 경쟁력이 낮음</td></tr>
</table>

<그림 9-2> 환경 분석 요약

## 2. 특허 위험 진단과 대응 전략

### (1) 프로세스

X사는 A사와 B사의 특허에 대해 위험을 지속적으로 파악하고 있었으나 A사, B사 이외에도 위험 특허가 존재할 가능성이 컸으며 A사와 B사의 특허에 대해서도 위험을 정확히 진단하고 종합적으로 대응 전략을 수립해야 하는 상황이다.

1차 검토 결과, 대상 제품에 대해 위험 가능성이 있는 특허는 155

건이었고,[77] 이들 특허의 독립항을 침해 관점에서 세밀히 분석한 결과 실제로 위험한 특허는 8건이었다. 각 위험 특허마다 회피 설계, 무효화 등 대응 전략을 구체화하고 마지막으로 기술별, 특허권 자별로 종합적인 대응 전략을 수립하였다.

| 위험 특허 1차 선정 | 청구항 분석 위험 특허 도출 | 개별 특허 대응 전략 수립 | 제품별, 국가별, 업체별 위험 종합 분석 |
|---|---|---|---|
| • 특허 DB로부터 검색된 특허 중, 유사도가 있는 특허 선정<br>• 취하 거절된 특허 제거<br>• 155건 | • 관련 특허의 155건의 독립항을 X사의 제품과 비교 분석<br>• 위험 특허 8건 | • 등록 특허<br>➢회피 전략<br>➢무효화 전략<br>➢Biz 전략<br>• 공개 특허<br>➢특허청 정보 제공 | • 물질·장치별<br>• 국가별<br>• 업체별 |

**<그림 9-3> 위험 특허 도출과 대응 전략 수립 프로세스**

### (2) 침해 위험을 확인할 X사의 제품과 기술의 정의

침해를 확인하고자 하는 X사의 제품 관련 기술을 명확히 정의했다. 특허 청구항의 구성 요소가 제품에 해당하는지, 즉 침해 여부를 판단하려면 제품의 세부 기술을 파악해야 한다. 특허 분쟁이 우려되는 5개의 소재에 대해 화학식, 조성, 제조 공정, 물성, 첨가제

---

77 특허 DB에서 키워드 검색으로 나온, 모집단 특허의 제목, 요약, 청구항 1항을 빠르게 훑어보면서 위험 가능성이 있는 특허를 골랐다.

등 관련 기술을 정리하였다. 이 중 화학식과 조성은 그림 9-4에 나타낸 것과 같다.

| 물질 | | 조성 범위 | | |
|---|---|---|---|---|
| | | x | y | z |
| $(HxCz)_2M_6O_{12}$ | 1 | | | $0.01<z<0.2$ |
| $(HxYyCz)_2M_6$ | 2 | | $0.001<y<0.08$ | $0.01<z<0.2$ |
| $(HxYyCz)_2M_6$ | 3 | | $<0.3$ | $0.01<z<0.02$ |
| $(H_{1-x-y}C_xD_y)_2M_6$ | 4 | $0.01<x<0.1$ | $0<y<0.5$ | |
| $(ExFz)N_7$ | 5 | | | $0.001≤z≤0.4$ |

**<그림 9-4> 특허 위험이 있는지 확인하고자 하는 X사의 제품**

(3) 위험 특허 판단과 각 특허에 대한 대응 전략 도출

관련 특허 155건의 모든 독립항에 대해 위험을 판단하였다. 청구항과 비교하는 대상은 그림 9-4의 소재 5종이다. 그림 9-5는 청구항 분석의 예시이며 청구항의 구성 요소가 각 소재에 해당하는지 판단하였다. (1)번 소재만 특허의 권리 범위를 침해하고 있었으며 다른 소재 4종에 대해서는 위험이 없었다. (1)번 소재는 T 성분을 제외하여 회피 설계를 하였으며 이로 인해 5%의 성능 저하가 초래되었다.

| 청구항 1항 | 소재 (1) | (2) | (3) | (4) | (5) |
|---|---|---|---|---|---|
| ① 420~490nm의 단파장 광 스펙트럼 영역에서 방출되며 | O | O | O | O | O |
| ② A2B6012의 구조를 가지며 | O | X | X | X | X |
| ③ A2B6012: C로 표현되듯이 C와 함께 활성화되고 | O | X | X | X | X |
| ④ 상기 제2 성분 B 및 M 및 G 중 적어도 하나를 나타내는 광-방출 방사선 소스에 의해 여기되는 물질에 있어서 | O | X | X | X | X |
| ⑤ 상기 제1 성분 A는 T를 포함하는 물질 | O | X | X | X | X |

| 무효화 | 무효화 가능한 선행 자료 찾지 못함 |
|---|---|
| 회피 설계 | T 성분을 제외하여 회피 설계할 수 있으나, 성능이 5% 저하됨 |

**<그림 9-5> 유효 특허의 청구항에 대한 침해 분석과 대응 전략 예시**

관련 특허의 모든 독립항에 대해 분석하여 도출한 위험 특허 8건에 대해 그림 9-6과 같이 각 특허마다 해당하는 물질, 제품 유형, 회피 설계 난이도, 무효화 난이도를 종합 정리하였다.

| 특허번호 | 출원인 | 권리 상태 | 해당 물질 | 제품 유형 | 회피 | 무효 |
|---|---|---|---|---|---|---|
| (a) | A사 | 공개 | 1 | 소재 | 용이 | 용이 |
| (b) | A사 | 등록 | 3, 4, 5 | 소재 | 가능 | 어려움 |
| (c) | C사 | 등록 | 4 | 소재 | 불가능 | 불가능 |
| (d) | B사 | 등록 | 4 | 부품 | 가능 | 용이 |
| (e) | A사 | 등록 | 1, 3 | 소재 | 가능 | 불가능 |
| (f) | D사 | 공개 | 1, 4 | 소재·부품 | 불가능 | 용이 |
| (g) | B사 | 등록 | 1, 2, 3, 4, 5 | 부품 | 가능 | 불가능 |
| (h) | C사 | 공개 | 4 | 소재 | 불가능 | 불가능 |

**<그림 9-6> 위험 특허 현황**

## (4) 제품별 위험과 대응 전략

그림 9-6과 같이 모든 위험 특허와 대응 방안을 종합한 후, 제품별, 특허권자별로 정리할 필요가 있다. 기업은 제품별로 어떤 조치를 취해야 하는지, 가장 위험한 기업(특허권자)은 누구인지, 회피 설계와 무효화가 불가능하다면 어떤 전략을 취해야 하는지를 알고 싶어 하기 때문이다.

그림 9-7에서 그림 9-11까지는 제품별 위험 특허와 대응 전략을 정리한 것이다. 위험 특허가 많아 보였어도 (1)번 소재, (2)번 소재, (3)번 소재, (5)번 소재에 관한 위험 특허는 존속 기간이 만료되었거나 회피 설계, 무효화 등으로 해결할 수 있었다.

그러나 (4)번 소재는 위와 같은 방법으로는 특허의 위험을 피하는 것이 불가능했다. (4)번 소재의 생산을 중단하거나, 위험 특허를 보유한 기업과 비즈니스 협상을 통해 해결하거나, 그 기업을 공격할 수 있는 특허 무기로 대응하는 등의 해결안을 검토하였다. (4)번 소재의 시장이 급성장하여 5년 이내에 (1)번, (2)번 소재의 시장 규모를 앞지를 것으로 예상되고 있어 사업을 포기할 수 없으며, 특허권자와 타협도 불가능하여, 위험 특허의 특허권자를 공격할 수 있는 특허를 확보하는 방안을 추진하기로 했다.

## (1)번 소재

| 특허번호 | 출원인 | 권리 상태 | 제품 유형 | 회피 | 무효·등록 저지 | 만료 시점 |
|---|---|---|---|---|---|---|
| (a) | A사 | 공개 | 소재 | 불가능 | 용이 | 2027.12.01 |
| (e) | A사 | 등록 | 소재 | 가능 | 불가능 | 2028.01.01 |
| (f) | D사 | 등록 | 소재·부품 | 불가능 | 용이 | 2016.03.10 |
| (g) | B사 | 등록 | 부품 | 가능 | 불가능 | 2025.07.05 |

### 회피 설계

- 등록 특허 (e)는 회피 설계가 용이하므로, (1)번 소재의 설계를 변경함
- 등록 특허 (g)도 회피 설계가 용이하며, (1)번 소재가 적용된 제품에 관한 것이므로, 고객사에 회피 설계안을 제시하여 위험을 피할 수 있도록 조치함

### 무효화

- 공개 특허 (a)는 아직 등록 결정 전이므로 관련 선행 자료를 심사관에게 제출하여 (a)가 등록되지 않도록 조치함
- 등록 특허 (f)를 무효화시킬 수 있는 선행 자료와 논리를 확보함

### 기타

- (f)는 특허권이 수 개월 후 만료되므로, 대응 전략 수립 대상 특허가 많은 경우 후순위로 할 수 있음

**<그림 9-7> (1)번 소재에 대한 위험 특허와 대응 전략 종합**

## (2)번 소재

| 특허번호 | 출원인 | 권리 상태 | 제품 유형 | 회피 | 무효·등록 저지 | 만료 시점 |
|---|---|---|---|---|---|---|
| (g) | B사 | 등록 | 부품 | 가능 | 불가능 | 2025.07.05 |

### 회피 설계

- 등록 특허 (g)는 (2)번 소재가 적용된 부품에 관한 것이며 회피 설계가 가능하므로, 고객사에 회피 설계안을 제시하여 위험을 피할 수 있도록 조치함

**<그림 9-8> (2)번 소재에 대한 위험 특허와 대응 전략 종합**

## (3)번 소재

| 특허번호 | 출원인 | 권리 상태 | 제품 유형 | 회피 | 무효·등록 저지 | 만료 시점 |
|---|---|---|---|---|---|---|
| (b) | A사 | 등록 | 소재 | **가능** | 어려움 | 2016. 05.15 |
| (e) | A사 | 등록 | 소재 | **가능** | 불가능 | 2028.01.01 |
| (g) | B사 | 등록 | **부품** | **가능** | 불가능 | 2025.07.05 |

**회피 설계**

- 등록 특허 (b), (e)는 회피 설계가 가능하므로, X사의 (3)번 소재의 설계를 변경하기로 함
  - ▸ (e) 특허에 대해 우선적으로 회피 설계 실시함
  - ▸ (b) 특허는 특허권이 수개월 후 만료되므로, 대응 전략 수립 대상 특허가 많은 경우 후순위로 할 수 있음
- 등록 특허 (g)는 (3)번 소재가 적용된 부품에 관한 특허이므로, 고객사에 회피 설계안을 제시하여 위험을 피할 수 있도록 조치함

**<그림 9-9> (3)번 소재에 대한 위험 특허와 대응 전략 종합**

## (4)번 소재

| 특허번호 | 출원인 | 권리 상태 | 제품 유형 | 회피 | 무효·등록 저지 | 만료 시점 |
|---|---|---|---|---|---|---|
| (b) | A사 | 등록 | 소재 | 가능 | 어려움 | 2016. 05.15 |
| (c) | C사 | 등록 | 소재 | 불가능 | 불가능 | 2019.04.10 |
| (d) | B사 | 등록 | **부품** | 가능 | 용이 | 2022.08.19 |
| (f) | D사 | 등록 | 소재 **부품** | 불가능 | 용이 | 2016.03.10 |
| (g) | B사 | 등록 | **부품** | 가능 | 불가능 | 2025.07.05 |
| (h) | C사 | **공개** | 소재 | 불가능 | 불가능 | 2030.01.04 |

**회피 설계**

- 등록 특허 (b)는 회피 설계가 가능하므로, X사의 (4)번 소재의 설계를 변경하기로 함
- 등록 특허 (d), (g)는 (4)번 소재가 적용된 부품에 관한 특허이므로, 고객사에 회피 설계안을 제시하여 위험을 피할 수 있도록 조치함

**무효화**

- 등록 특허 (d), (f)를 무효화시킬 수 있는 선행 자료와 논리를 확보함

**기타**

- 등록 특허 (c)와 공개 특허(h)는 회피 설계와 무효화 모두 불가능하므로, (4)번 소재의 생산 포기 또는 특허권자와 비즈니스 협상 등 다른 방안이 필요함

**<그림 9-10> (4)번 소재에 대한 위험 특허와 대응 전략 종합**

| 특허번호 | 출원인 | 권리 상태 | 제품 유형 | 회피 | 무효·등록 저지 | 만료 시점 |
|---|---|---|---|---|---|---|
| (b) | A사 | 등록 | 소재 | 가능 | 어려움 | 2016. 05.15 |
| (9) | B사 | 등록 | **부품** | 가능 | 불가능 | 2025.07.05 |

**회피 설계**

- 등록 특허 (b)는 회피 설계가 가능하므로, X사의 (5)번 소재의 설계를 변경하기로 함
- 등록 특허 (9)는 (5)번 소재가 적용된 부품에 관한 특허이므로, 고객사에 회피 설계안을 제시하여 위험을

**<그림 9-11> (5)번 소재에 대한 위험 특허와 대응 전략 종합**

### (5) 특허권자별 특허 위험과 대응 전략

그림 9-6을 특허권자별로 다시 정리하면 그림 9-12와 같다. 컨설팅 대상 기업에서는 글로벌 기업인 A사와 B사가 가장 위험한 특허를 가지고 있을 것으로 예상하였다. 그러나 실제로는 A사와 B사의 강력한 특허는 이미 권리가 소멸했으며 아직 유효한 특허들은 회피 설계가 가능하거나 무효화가 용이했다. 반면, 위험을 간과하고 있었던 C사의 특허는 최신 물질인 (4)번, (5)번 소재에 해당하는 것으로 확인되었는데, 회피 설계도 불가능하고 선행 기술 자료도 없었다. 게다가 C는 공격적으로 시장 점유율을 넓히고 있어 X사와 협력할 가능성이 거의 없다고 판단되었다.

X사가 (4)번 소재, (5)번 소재의 시장을 지키려면 C사가 특허 분쟁을 일으키지 못할 만큼 C사에 위협적인 특허를 가져야 한다. 즉, X사는 타사의 특허 공격을 예방·방어하기 위한 특허가 필요한 상황이므로, 이러한 목적에 맞는 특허를 확보해야 한다. 따라서 다음 단

| A사 | | | | | |
|---|---|---|---|---|---|
| 특허번호 | 권리 상태 | 해당 물질 | 제품 유형 | 회피 | 무효 |
| (a) | 공개 | 1 | 소재 | 용이 | 용이 |
| (b) | 등록 | 3, 4, 5 | 소재 | 가능 | 어려움 |
| (e) | 등록 | 1, 3 | 소재 | 가능 | 불가능 |

| B사 | | | | | |
|---|---|---|---|---|---|
| 특허번호 | 권리 상태 | 해당 물질 | 제품 유형 | 회피 | 무효 |
| (d) | 등록 | 4 | 부품 | 가능 | 용이 |
| (g) | 등록 | 1, 2, 3, 4, 5 | 부품 | 가능 | 불가능 |

| C사 | | | | | |
|---|---|---|---|---|---|
| 특허번호 | 권리 상태 | 해당 물질 | 제품 유형 | 회피 | 무효 |
| (c) | 등록 | 4, 5 | 소재 | 불가능 | 불가능 |
| (h) | 공개 | 4 | 소재 | 불가능 | 불가능 |

| D사 | | | | | |
|---|---|---|---|---|---|
| 특허번호 | 권리 상태 | 해당 물질 | 제품 유형 | 회피 | 무효 |
| (f) | 공개 | 1, 4 | 소재·부품 | 불가능 | 용이 |

**<그림 9-12> 특허권자별 특허 위험**

계는 X사가 이러한 특허를 이미 보유하고 있는지 확인하고 없다면 확보해야 한다.

### 3. 보유 특허 분석과 특허 확보 전략 점검

(1) 보유 특허 분석

X사에 필요한 특허는 특허 분쟁을 예방하거나 피해를 최소화할 수 있는 특허, 즉 경쟁사를 공격할 수 있는 특허이므로 공격 가능성

에 초점을 맞추어 X사의 보유 특허와 위험 특허 보유 기업들의 제품을 비교, 분석하였다. X사의 보유 특허는 총 12건이었으며 이 중에서 C사를 공격할 수 있는 특허, 즉 C사의 제품이 침해하고 있는 특허는 없었다. 반면, 특허의 위험이 상대적으로 낮은 A사, B사, D사를 공격할 수 있는 특허를 각각 2건, 3건, 1건 가지고 있었다. 가장 위험한 특허를 보유한 C사에 대항할 특허가 한 건도 없었으므로 X사는 C사에 대한 유효 특허를 확보하는 방안을 마련해야 한다.

| X사의 특허 | 권리 상태 | 제품 유형 | A사 | B사 | C사 | D사 |
|---|---|---|---|---|---|---|
| ① | 공개 | 소재 | O | O | X | X |
| ② | 등록 | 소재 | X | X | X | X |
| ③ | 등록 | 소재 | X | X | X | X |
| ④ | 등록 | 부품 | X | O | X | X |
| ⑤ | 등록 | 소재 | O | O | X | O |
| ⑥ | 등록 | 소재·부품 | X | X | X | X |
| ⑦ | 등록 | 부품 | X | X | X | X |
| ⑧ | 공개 | 소재 | X | X | X | X |
| ⑨ | 등록 | 소재 | X | X | X | X |
| ⑩ | 등록 | 소재 | X | X | X | X |
| ⑪ | 등록 | 소재 | X | X | X | X |
| ⑫ | 공개 | 부품 | X | X | X | X |

**<그림 9-13> X사의 보유 특허 분석**

(2) 특허 분쟁이 우려되는 업체를 공격할 수 있는 특허 확보

C사의 R&D 전략을 파악해야 C사를 공격할 수 있는 특허를 설계

할 수 있다. C사의 많은 특허 기술 중 지속적인 연구 개발이 진행되어 제품에 채택될 가능성이 있는 기술을 선별하기 위해 자기 인용(self citation)이 많이 되고 있거나 패밀리 특허 출원의 수가 많은 특허의 기술을 면밀히 분석하였다.

C사는 소재의 수명을 연장시키기 위해 'Z' 물질을 제조 공정 마지막 단계에 첨가하는 기술과 가격 경쟁력을 높이기 위해 단가가 낮은 원재료를 사용하되 표면을 처리하여 성능을 유지하는 기술을 지속적으로 개발하고 있었다. 이 기술들은 C사의 제품에 곧 채용될 가능성이 크다고 판단되었으므로, 이러한 제품을 공격할 수 있는 특허를 개발하기로 하였다.

그림 9-14는 C사의 기술이 적용되었을 때, 소재에 나타나는 변화를 물질, 구조·형상, 물성, 공정, 응용 제품 측면에서 검토해야 할 세부 항목과 그 결과 얻어진 특허 아이디어 씨앗이다. 아이디어가 원활히 도출되게 하려고 각 세부 항목에 대해 기존 특허들에 언급된 구체적인 실시례를 검토하면서 기존 기술을 변형, 조합하거나 새로운 아이디어를 찾았다.

그림 9-14의 아이디어 씨앗은 C사 제품에 해당 여부, 실험 결과 확보 용이성 등을 평가하여 우선순위에 따라 구체화하여 특허 출원하였다. 그 결과, X사는 C사를 공격할 수 있는 특허를 3건 확보하게 되어, C사로부터의 특허 공격을 당하게 될 위험을 낮출 수 있

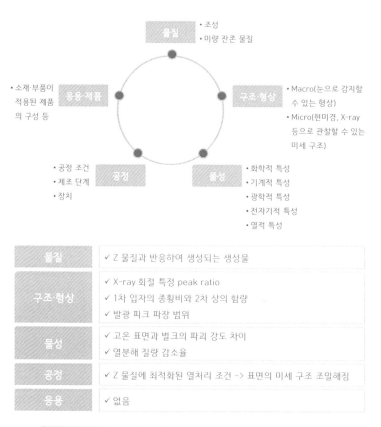

물질 • 조성
• 미량 잔존 물질

• 소재·부품이
적용된 제품
의 구성 등
응용·제품

구조·형상 • Macro(눈으로 감지할
수 있는 형상)
• Micro(현미경, X-ray
등으로 관찰할 수 있는
미세 구조)

• 공정 조건
• 제조 단계
• 장치
공정

물성 • 화학적 특성
• 기계적 특성
• 광학적 특성
• 전자기적 특성
• 열적 특성

| 물질 | ✓ Z 물질과 반응하여 생성되는 생성물 |
|---|---|
| 구조·형상 | ✓ X-ray 회절 특정 peak ratio<br>✓ 1차 입자의 종횡비와 2차 상의 함량<br>✓ 발광 피크 파장 범위 |
| 물성 | ✓ 고온 표면과 벌크의 파괴 강도 차이<br>✓ 열분해 질량 감소율 |
| 공정 | ✓ Z 물질에 최적화된 열처리 조건 -> 표면의 미세 구조 조밀해짐 |
| 응용 | ✓ 없음 |

**<그림 9-14> C사를 공격할 수 있는 특허 개발을 위한 아이디어 씨앗**

었으며 C사가 특허로 공격한다고 해도 맞설 수 있게 되었다.

## (3) 보유 기술의 강한 권리화

X사는 C사에 대한 대비에서 한 걸음 나아가 강한 특허 포트폴리오 구축을 원했다. X사는 지금까지 주로 새로운 조성에 대한 특허를 출원하였으나 새로운 조성의 소재는 시장의 요구를 충족시키지 못해 매출이 극히 저조했다. 따라서 이에 관한 특허를 활용하게 될 가능성은 거의 없다고 할 수 있다.

현재 X사의 주력 제품은 A사와 B사가 개발한 기술을 기반으로 하는 것으로서 제조 공정을 개선하여 성능을 향상시키는 노력을 끊임없이 해 왔다. 이러한 기술 개발 노력에도 불구하고 X사는 공정 기술에 대한 특허를 전혀 확보하지 않았다. 기술만 유출만 될 뿐 권리를 주장하기 어려우므로 노하우로 보유하는 것이 낫다는 판단 때문이었다. 우리는 공정 기술 중 강한 권리가 될 수 있는 기술이 있을 것으로 기대하며 이를 찾기 위해 공정 각 단계를 분석하였다. 공정 단계를 나누고, 각 공정마다 공정 목표, 목표를 달성하기 위한 공정 조건, 공정 조건 중 독자적인 기술, 독자적인 공정 기술에 의해 발현되는 최종 제품의 변화, 현 공정의 미흡한 점과 개선 방법을 세세히 정리하였다. 컨설팅 과정에서 실제로 분석한 내용 중 핵심적인 사항을 그림 9-15에 간략히 나타내었다. 공정의 독자적인 기술은 첨가제, 용매, 열처리 조건인데, 이들은 최종 제품에서 확인할 수 없었다. 그러나 첨가제의 분해 물질, 입자의 형상과 밀도, 미량 물질의 함량, 결정 구조 등은 최종 제품에서 관찰 가능한 변화로서, 이에 대해 특허를 확보한다면 상대방의 제품 분석을 통해 침해 입증이 가능할 것으로 판단되었다.

| 공정 | 공정 목표 | 공정 조건 | 독자적인 기술 | 최종 제품의 변화 | 공정의 미흡한 점과 개선안 |
|---|---|---|---|---|---|
| 원료 준비 | •소재의 함습률 0.1% 이하 | •원료 a의 입도 ##~## •첨가제 b, b' 중량 ## •건조 ##℃ 2h | •첨가제 b' 자체 개발 | •함습률이 높으면 최종 제품의 수율 낮아짐 •첨가제 분해산물이 미량 남음 | |
| 혼합·교반 | •반응률 97% 이상 | •c 용매 ## wt% •가열 3단계로 조절, 마지막 단계에서 d 용매 추가 •섬도 ## | •d 용매 추가 공정은 X사에서 독자적으로 개발, 생성물의 밀도도 타제품과 다름 | •d 용매에 의해 생성물의 형상과 밀도 달라짐 | •c 용매의 단가가 높아 경제성 낮아지나, 용해도 때문에 사용 •저가 용매로 대체한다면 가격 경쟁력 향상 |
| 여과·건조 | •순분 함량 ## •공정 시간 ## 이내 | •필터 종류 •압력 •온도·시간 | •업계의 일반적인 방법 | | |
| 분쇄 | •평균 입도 ## •미분 함량 ## | •분쇄 방식 등 | •업계의 일반적인 방법 | | |
| 표면 코팅 | •코팅층 두께 ## •코팅층 조성 ## | •코팅물 조성 •코팅 방법 | | | |
| 열처리 | •코팅층의 접착 강도 ## | •승온 속도와 지속 시간 •감압 조건 | •타사보다 고온 열처리 조건 | •열처리 조건에 따라 잔존 물질의 양, 결정 구조 달라짐 (타사 제품과 다른 X선 스펙트럼) | |

**<그림 9-15> 권리 활용이 용이한 특허 출원 아이디어를 도출하기 위한 공정 분석**

그동안 X사는 새로 개발한 신조성물에 대한 특허 출원에만 집중하고, 기존 물질은 공정을 개량해도 물질 조성이 동일하다는 이유로 특허 출원 대상에서 제외해 왔다. 그러나 첨가제의 분해 산물, 입자의 형상과 밀도, 미량 물질의 함량, 결정구조 등 최종 제품에서 관찰이 가능한 공정 기술 특허는 활용 가능성이 클 것으로 판단하여 즉시 특허 출원을 진행하였다. 결과적으로, X사는 현 시장의 주류 물질인 A, B 물질에 대해서도 강력한 개량 특허를 확보하게 되었으며 이를 통해 선진 업체들에 의한 특허 분쟁에 활용할 수 있는 무기를 확보하게 되었다.

X사는 그동안의 특허 전략에 큰 오류가 있었음을 인정하고, 기술과 산업의 특징, 위험한 특허와 특허권자 등의 환경 요인을 고려하고 X사의 사업 포트폴리오에 따라 특허 전략을 재설계하였다.

특허 전략의 방향과
프로세스는 이해했으나,
직접 수행하기 어렵다면
전문가를 활용하시라!

무기가 만들어진 후에 문제점이 발견되면 조치를 취하는 것이 불가능하거나 상당히 큰 비용을 지불해야 한다. 따라서 무기가 만들어지는 과정을 관리하여 원하는 무기가 만들어지도록 하는 것이 바람직하다. 특허도 마찬가지이다. 출원, 공개, 심사, 등록의 과정에 능동적으로 개입하여 나의 특허가 시장에서 활용도가 높은 특허가 되도록 할 수 있으며, 경쟁자의 특허 등록에도 영향을 미칠 수 있다.

# 전략적으로 활용할 수 있는 특허 제도는?

　부록에서는 특허 출원부터 특허 등록에 이르기까지 시기와 상황에 따라 전략적으로 활용할 수 있는 특허 제도를 간략하게 소개하기로 한다. 여기서 다루는 제도는 다음과 같다.

- 청구 범위 제출 유예
- 우선권 주장 출원과 분할 출원
- 심사 시기 선택
- 특허 출원 전 기술 공개(논문, 전시회 발표, 인터넷 공개 등)
- 상대방 특허 등록 저지

**특허 전략**이
**미래를 바꾼다**

# 1 신속한 출원일 확보와 신중한 청구 범위 설계: 청구 범위 제출 유예

    동일한 기술에 대해 청구 범위를 설계하는 방법은 수없이 많다. 청구 범위에 따라 활용도 높은 특허가 될 수도 있고 쓸데없는 비싼 서류가 될 수도 있다. 그러나 청구 범위 설계가 중요하다고 해서 이를 고민하다 출원이 늦어지면 권리 행사 시점이 늦어질 수 있고, 선행 기술로 인해 특허를 받지 못하게 될 위험도 있다.

<부록 1> 청구 범위 제출 유예 제도의 개요

이럴 때 활용할 수 있는 제도가 청구 범위 제출 유예 제도이다. 이 제도는 청구 범위가 없는 명세서로 특허 출원을 하고 나중에 청구 범위를 제출하는 것이다. 이를 통해 출원일을 먼저 확보하고, 이후에 시장의 흐름, 경쟁사 동향, 선행 기술에 대한 분석 결과를 바탕으로 특허 청구 범위를 전략적으로 설계할 수 있다.

특허 청구 범위 없이 특허 출원을 한 경우 청구 범위는 특허 출원 공개 이전 또는 심사 청구 이전에 제출하면 된다. 통상 출원 후 1년 6월이 지나면 특허 출원 내용은 일반에 공개되므로, 정해진 기간 동안 시장이나 경쟁 상황 등을 고려하여 청구 범위를 설계하여 제출하면 된다.[78] 다만, 청구 범위의 내용은 특허 출원할 때 제출했던 명세서 내용의 범위 내여야 한다는 점을 주의해야 한다.

---

78 최초 출원일부터 1년 6월 이내에 청구 범위를 제출하지 않으면 출원은 공개되지 않고, 취하된 것으로 간주된다. 다만 통상적인 공개 시점 이전에 우선적으로 심사를 받고자 하는 경우에는 우선 심사 신청 시에, 타인이 심사 청구를 한 경우에는 타인이 심사 청구를 한 사실을 특허청으로부터 통지받은 날부터 3월 이내에 청구 범위를 제출해야 한다.

# 2 신속한 출원일 확보와 발명 구체화 시간 또는 권리 재설계 기회 확보: 우선권 주장 출원과 분할 출원

대부분의 국가는 선출원 주의를 채택하고 있다. 즉 발명을 먼저 한 이가 아니라, 먼저 특허 출원을 한 이에게 특허권을 부여한다. 이는 동일한 발명에 대해 2개 이상의 특허 출원이 있을 때 하루라도 먼저 출원하여야 권리를 획득할 수 있다는 뜻이다. 따라서 치열한 경쟁 환경에서는 출원일을 신속하게 확보하는 것이 무엇보다 중요하다.

발명의 개념은 정의되었으나, 특허를 받는 데에 요구되는 수준의 실시례나 실험 결과를 얻으려면 상당한 시간이 필요한 경우가 있다. 하지만 경쟁자가 동일한 기술에 대해 특허 출원을 할 가능성이 있어 신속한 출원일 확보가 필요하다면, 우선권 주장 출원 제도를 활용해 보자.

우선권 주장 출원 제도는 최초 출원일부터 1년 이내에 개량된 내용을 추가하여 다시 출원하는 것이다.[79] 이 제도를 이용하면 개념 상태로 먼저 특허를 출원하여 신속하게 출원일을 확보하고, 1년 동

---

79 이렇게 하면 최초 출원의 명세서에 들어 있던 내용에 대해서는 최초 출원일에 출원한 것으로 보아 심사를 한다.

안 발명을 구체화하고 실험 결과를 확보하여 발명의 논리와 근거를 보완하는 기회를 가질 수 있다.[80]

발명이 완성되지 않은 상태에서 발명의 개념이나 내용을 공개해야 하는 경우에도 이 제도를 활용할 수 있다. 예를 들면, 시제품을 전시회에 출품하거나 연구 계획서 등에 발명 아이디어를 기술해야 하는 경우이다. 이때 공개된 발명을 알게 된 이가 동일한 발명이나 개량한 발명을 먼저 특허 출원한다면, 발명 아이디어를 최초로 공개한 이는 특허를 받을 수 없게 된다.[81] 이러한 위험을 피하려면 출원일을 먼저 확보한 다음에 발명을 공개하고, 1년 동안 발명을 완성하여 우선권 주장 출원을 하면 된다.

다음 부록 2는 우선권 주장 출원 제도 활용 사례이다. 출원인은 실험 결과를 모두 확보하지 않은 상태에서 2013년 6월 1일에 최초로 특허 출원을 하고 1년 동안 실험 결과를 확보하여 우선권 주장 출원을 하였다. 만약 발명이 완성된 시점인 2014년 6월 1일에 최초로 출원하였다면, 2014년 4월 15일에 출원된 타인의 출원 때문에 거절되어 특허를 받을 수 없게 되었을 것이다.

앞에서 소개한 '청구 범위 제출 유예 제도' 역시 출원일을 먼저 확보하고 일정 기간 동안 출원을 완성하는 제도라는 점에서 우선권 주장 출원과 유사한 점이 있지만, 상황에 따라 적절하게 활용해야

---

80 이 경우 외국에도 최초 출원일부터 1년 이내에 출원해야 한다는 점에는 주의가 필요하다.

81 발명자가 자신의 발명 공개일부터 1년 이내에 특허를 출원하면 공개되지 않은 것으로 인정받을 수 있지만, 이것이 특허 출원일을 소급해 주는 것은 아니어서 타인의 선출원 때문에 특허를 받지 못하게 된다.

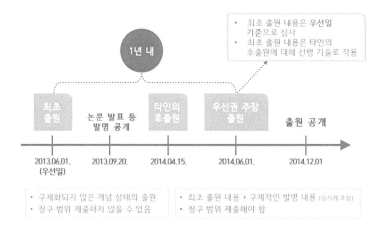

· 최초 출원 내용은 우선일 기준으로 심사
· 최초 출원 내용은 타인의 후출원에 대해 선행 기술로 작용

1년 내

최초 출원      논문 발표 등 발명 공개      타인의 후출원      우선권 주장 출원      출원 공개

2013.06.01. (우선일)      2013.09.20.      2014.04.15.      2014.06.01.      2014.12.01

· 구체화되지 않은 개념 상태의 출원
· 청구 범위 제출하지 않을 수 있음

· 최초 출원 내용 + 구체적인 발명 내용 (실시례 포함)
· 청구 범위 제출해야 함

**<부록 2> 우선권 주장 출원 제도 활용 사례**

한다. 청구 범위 제출 유예 제도는 발명은 완성되었으나 청구 범위 설계를 위한 고민이 필요할 때, 우선권 주장 출원은 발명이 미완성이거나 개량이 필요할 때 유용하다. 두 제도의 차이점을 부록 3에 정리하였다.

| | 우선권 주장 출원 | 청구범위 제출 유예 출원 |
|---|---|---|
| 상황 | 발명의 개념은 있으나 구체적인 실험 결과를 확보하는데 상당한 시간이 필요할 때 출원 후, 발명을 더욱 개량하고자 할 때 | 발명이 완성되고 실험 결과도 확보하였으나 권리 설계를 고민할 시간이 필요할 때 (시장 트렌드, 경쟁사 제품 분석 등 효과적인 권리 설계를 위한 정보 확보) |
| 기간 | 최초 출원일부터 1년 이내에 실험 결과와 개량된 내용 추가하여 출원 | 최초 출원 공개 전, 통상 출원 후 1년 6개월 이내에 청구 범위 제출 |
| 후 출원의 제약 | 최초 출원 명세서에 없었던 내용도 추가할 수 있음. 단 최초 출원 명세서를 벗어나는 내용은 후 출원일에 출원한 것으로 봄 | 최초 출원 명세서의 내용 범위에서 청구 범위를 설계 |

**<부록 3> 우선권 주장 출원과 청구 범위 제출 유예 출원 비교**

경우에 따라서는 분할 출원 제도 역시 유용하다.[82] **분할 출원은 완성된 발명에 대해 청구 범위를 포함해 특허 출원을 하였으나, 심사가 진행되는 동안 환경 변화에 맞추어 권리를 재설계**해야 할 필요가 있을 때 활용할 수 있다. 이 경우 최초 명세서에 없던 내용을 추가할 수는 없으나 청구 범위를 다시 작성할 수는 있으므로, 최초 명세서에는 있었으나 청구 범위에는 적지 않았던 기술 내용에 대해 시장의 흐름, 경쟁사 동향 등을 반영하여 새로이 권리를 설계할 수 있을 것이다.

---

82 분할 출원은 특허 출원이 심사 중인 동안, 즉 특허 결정이 되거나 거절 결정이 확정되기 전에 이미 처음 출원 명세서의 내용 전부 또는 일부를 선택하여 다시 출원하는 것이다.

# 3 심사 시기 선택:
## 빠른 심사 제도, 늦은 심사 제도

한국 특허청은 특허 출원과 동시에 혹은 출원 후 일정 기간 내에 심사[83]를 신청하고, 신청 순서에 따라 심사하여 특허 등록 여부를 결정한다. 심사를 신청하면 통상 약 1년에서 2년 사이에 심사 결과를 받을 수 있으나 심사 착수 시점을 정확하게 예측하기는 어렵다.

위와 같이 심사 신청 순서대로 심사하는 일반적인 심사 제도 이외에, 사업 전략상의 이유로 심사 시점 조절을 원하는 출원인을 위해 '빠른 심사 제도[84]'와 '늦은 심사 제도[85]'가 있다. 출원인 입장에서 볼 때 심사를 받는 시점에 따라 어떤 전략적인 이익이 있을까?

우선 심사 제도를 이용하면 특허 등록 여부를 빨리 알 수 있기 때문에 특허권을 활용할 전략을 세울 수 있으며, 특허 등록 시점이 빨라져서 권리 행사 기간이 길어진다. 경쟁사가 특허를 침해하고 있거나 경쟁사의 시장 진입을 억제할 필요가 있을 때 빠른 심사를

--------------------------------

83 심사는 '방식 심사'와 '실체 심사'로 나눌 수 있다. '방식 심사'에서는 특허 출원의 서류가 법률 요건에 맞게 작성이 되었는지를 심사하는 것이며, '실체 심사'에서는 출원된 발명이 특허받을 만한 것인지에 대해 판단한다. 심사 시기 조절은 실체 심사에 관한 것이다. 현재 특허 출원에 대한 심사 신청 기한은 출원일부터 5년까지지만 이 기간은 특허법 개정으로 변동될 가능성이 있다.

84 이를 '우선 심사'라고 한다.

85 이를 '심사 유예'라고 한다.

이용할 수 있을 것이다.

반대로, 심사 시점을 늦추면, 시장성을 판단하여 특허 등록이 필요한 기술인지를 시간을 두고 판단할 수 있으며, 만약 필요 없다면 심사 청구를 하지 않음으로써 심사 비용, 등록 비용 등을 절약할 수 있다.[86] 또한 출원일부터 심사 청구 기한 사이에 본인이 원하는 심사 개시 시점을 정할 수 있고 이로부터 3개월 이내에 심사 결과를 받아볼 수 있다는 장점이 있다.

| 니즈 | • 특허권을 빨리 확보하여 권리 행사를 하고 싶다.<br>• 권리 기간을 길게 하고 싶다. | • 시장의 니즈를 최대한 반영하여 청구 범위 설계를 하고 싶다.<br>• 심사 청구 판단 시점을 늦춰서 불필요한 심사 비용을 절감하고 싶다.<br>• 특허 결정이 너무 빨라 예상보다 발명이 빨리 공개되는 것과 특허 유지 비용이 증가하는 것을 방지하고 싶다. |
|---|---|---|
| | ▼ **빠른 심사** | ▼ **늦은 심사** |
| 적합한 상황 | • 타사가 해당 발명을 실시하여 권리 행사가 필요한 경우<br>• 타사의 시장 진입을 차단할 필요가 있는 경우 | • 아직 상용화되지 않았으며 시장의 니즈가 아직 명확하지 않은 경우 |
| 대상 | • 누구든지 이용 가능: 특허청이 정한 기관에서 선행 기술 조사하여 결과 제출해야 함: 선행 기술 조사 비용 소요 | • 누구나 가능하며 별도의 비용 없음 |
| 내용 | • 심사 신청 후, 약 3개월 소요됨 | • 출원 후 18개월부터 5년 이내에 심사 청구 시점을 정하여 신청하면, 그 시점부터 3개월 이내에 심사를 받을 수 있음 |

**<부록 4> 빠른 심사와 늦은 심사 비교**

---

86 만약 심사를 신청하지 않은 상태로 심사 청구 기간이 경과하면 출원은 취하된 것으로 처리되므로 주의해야 한다.

# 4 특허 출원 전 기술 공개에 의한 위험 회피: 신규성 상실 예외

특허는 새롭고 진보한 발명에 대해서만 권리가 부여된다. 따라서 대중에게 이미 알려진 발명에 대해서는 특허를 받을 수 없다. **원칙적으로는 자신이 공개한 것을 출원하여도 특허를 받을 수 없지만, 특허법은 이러한 발명자를 구제**하기 위해 예외적으로 '신규성 상실 예외 규정'을 두고 있다.[87] 특허 출원 전에 발명이 발명자 자신 또는 그 발명을 알게 된 타인에 의해 논문, 학회, 전시회, 팸플릿, 방송, 인터넷 등에 공개되었더라도 공개된 날부터 일정 기간[88] 내에 특허 출원을 하면 출원 전에 공개되었다는 이유로는 거절되지 않는다. 따라서 특허 출원을 진행할 때 전문가에게 출원 전에 공개 행위가 있었는지 명확하게 알려서 절차적인 문제로 인해 특허를 등록받지 못하게 되거나 등록된 특허가 무효로 되는 사태를 방지해야 한다.

그러나 A의 최초 발명 공개 후 특허 출원을 하기 전에 타인인 B

--------------------------------

87 신규성 상실 예외 규정은 자신의 발명을 스스로 공개한 발명자뿐 아니라 자신의 의사에 반하여 타인에 의해 자신의 발명이 공개된 발명자도 구제한다.

88 이 기간은 국가마다 다르므로 주의가 필요하다. 우리나라와 미국은 공개일부터 12개월을 인정하지만, 일본은 6개월만 인정한다. 신규성 상실 예외를 인정하는 공개 사유 역시 국가마다 다르므로, 구체적인 내용이나 절차에 대해서는 특허 전문가와 상의하여 진행하는 것이 좋다.

가 A의 발명을 알지 못하고 같은 발명을 하여 특허를 출원하면 어떻게 될까? 이 경우 A는 정해진 기간 내에 특허 출원을 하더라도 특허를 받을 수 없게 된다.[89] 따라서 불가피한 사정이 없는 한 발명 공개 전에 특허 출원을 하는 것이 좋다.[90] 또한 특허 출원을 의뢰한 이후라도 논문이나 외부 발표가 필요하다면 특허 출원 완료 여부를 점검하는 규정을 마련하는 것이 바람직하다.

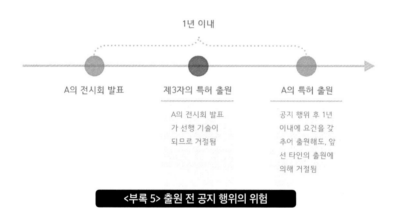

<부록 5> 출원 전 공지 행위의 위험

---

89 이 경우 A의 공지 행위에 의해 신규성을 인정받을 수 없으므로 B 역시 특허를 받지 못하게 될 것이다.

90 특허 제품이 외국에 수출된다면 그 나라에서도 특허를 받아야 한다. 그런데 국가별로 공지 예외를 인정하는 기간이나 요건이 다르고(미국은 1년, 일본은 6개월, 유럽은 특정 박람회 출품에 대해서만 인정 등) 심지어 예외 규정이 없는 나라도 있으므로, 출원 전 공개는 바람직하지 않다.

다음의 사례들은 특허 출원할 때 신규성 상실 예외 주장을 하지 않아 특허 등록이 무효로 된 실제 사례이다.

### 사례 1 '속 뚜껑이 있는 김치 통'

㈜이지앤프리는 '속 뚜껑이 있는 김치 통'을 개발하여 2012년 1월에 홈쇼핑에서 광고한 후, 2012년 10월에 신규성 상실 예외 주장 없이 실용신안을 출원하여 등록받았다.

경쟁사인 ㈜락스타는 ㈜이지앤프리의 실용신안이 출원 전에 공지되어 신규성이 없으므로 무효라는 심판을 제기하였고, ㈜락스타의 주장이 인정되어 ㈜이지앤프리의 실용신안 등록은 무효로 되었다. 결과적으로 '속 뚜껑이 있는 김치 통' 기술은 특허권으로 보호되지 못하고 다양한 업체가 제조, 판매할 수 있게 되어 시장에서 경쟁 중이다. 특허에 의한 보호막이 없으므로 자본력, 유통 채널 등이 우수한 업체가 시장에서 승자가 될 가능성이 크다.

### 사례 2 애플의 '바운스백' 특허

애플의 사례도 주목할 만하다. 애플은 사업 전에 철저하게 특허를 출원하고, 필요한 경우 특허를 매입하며 경쟁사에 특허권을 행사하는 등 적극적인 특허 전략을 구사하는 기업이다. 그런데 독일에 등록된 애플의 '바운스백' 특허[91]가 특허 출원 전 스티브 잡스의 시연으로 인해 무효로 되었다. 한국이나 미국과 달리 유럽은 특허 출원 전 공지 행위에 대해 신규성 상실 예외를 거의 인정하지 않기 때문이다. 따라서 유럽에서 특허를 받고자 한다면 논문 발표, 시연 등의 공지 행위 전에 반드시 출원해야 한다.[92]

---

91 휴대용 전자기기에서 사진이나 화면을 넘길 때 끝부분에 닿으면 화면이 튕겨 나오는 시각적 효과에 대한 특허이다. 무효된 특허번호는 EP2059868이다.

92 신규성 상실 예외를 인정받을 수 있는 사유, 기간, 절차 등이 나라마다 다르다. 한국과 미국의 경우 공지 행위의 유형에 무관하게 12개월, 일본은 6개월의 기간을 인정한다. 그러나 유럽이나 중국은 신규성 상실 예외 인정 사유가 매우 제한적이므로 공개 행위 이전에 특허 출원을 하는 것이 바람직하다.

# 5 경쟁사의 특허 등록 저지:
## 정보 제공

　나의 사업에 타격을 줄 가능성이 있는 경쟁사의 특허 출원이 심사 중이라면, 심사 과정에 적극적으로 개입하여 특허 등록이 되지 않도록 할 수 있다.

　물론 해당 특허가 등록될 수 없다는 근거를 제시해야 한다. 이러한 근거 자료는 주로 신규성 또는 진보성을 부정할 수 있는 선행 기술 자료[93]가 될 것이다.

　적절한 선행 기술을 찾았다면 해당 심사관에게 서면이나 면담을 통해 제시하고 상대방 출원이 특허가 될 수 없음을 주장할 수 있다.[94]

　정보 제공은 필요에 따라 경쟁사 특허 출원의 청구항 일부 또는 전부에 대해 진행할 수 있다. 출원을 완전히 무력화하려면 모든 청

---

93 근거 자료는 해당 출원 이전에 공개된 특허나 논문, 팸플릿 등 날짜가 객관적으로 입증되는 선행 자료로서 해당 출원과 동일하거나 매우 유사한 기술 내용이 담겨 있어야 한다.

94 서면으로 제출하는 경우 특허청에서 정한 양식에 맞추어 특허가 인정될 수 없는 이유를 적고, 증거 자료를 첨부해서 특허청에 제출하면 된다.

구항에 대한 선행 기술을 제시해야 하며, 일부 청구항만 문제가 된다면 문제가 되는 청구항에 대한 자료를 제시하면 된다. 또한 선행 기술의 범위와 깊이에 따라 해당 청구항의 거절이나 권리 범위의 축소를 유도할 수 있다.

구체적으로 어떤 청구항에 대해 어떤 자료를 근거로 하여 특허를 받을 수 없다는 정보를 제공할 것인지에 대해서는 전문적인 지식과 판단이 필요하므로 특허 전문가의 도움을 받는 것이 바람직하다.

## 요 약

항상 발명이 완성된 후에야 출원을 준비하고 표준 절차에 따라 심사를 받았다면 좀 더 유리한 방법이 있는지 검토해 볼 필요가 있다. 출원, 심사, 공개 등의 방식을 전략적으로 선택할 수 있기 때문이다. 또한 출원 전 기술 공개, 공동 출원 등은 특허권 확보하거나 권리를 행사하는데 제약이 될 수 있다는 사실을 꼭 기억해야 한다.

개인용 컴퓨터가 보급되면서 컴퓨터 입문서가 쏟아져 나오던 시절, 개그맨 전유성 씨가 『컴퓨터 일주일만 하면 전유성만큼 한다』는 책을 출판했다. 다른 책들은 세계 최초의 컴퓨터와 컴퓨터가 개발된 배경 등을 서두에 설명하는 데 반해, 전유성 씨의 책은 컴퓨터 입문서의 필수 내용처럼 다뤄지던 '컴퓨터 개발 역사'는 빼고 '컴퓨터를 켜는 법' 등 기존의 책이 다루지 않던 왕초보들이 궁금해할 만한 내용을 담고 있었다. 독자들의 마음을 헤아렸으므로 당연히 많이 팔렸다.

특허도 기존의 책들과는 관점을 바꿀 필요가 있지 않을까? 특허 비전문가를 대상으로 한다면 특허법을 중심에 두기보다는, 비즈니스 세계에서 특허와 연결되어 있는 이들이 꼭 알아야 하는 '컴퓨터 켜는 법'과 같은 내용을 강조해서 전달할 필요가 있다. 기업이 비즈니스에서 활용도가 높은 특허를 얻고, 경쟁사들의 특허에 의해 초래되는 위험을 최소화하기 위해서는 시장, 경쟁사, 기타 환경 속에서의 특허를 넓게 바라보고 맥을 잡는 것이 중요하다.

특허는 이해관계가 충돌하는 상황, 즉 특허의 권리를 주장하는 측과 특허의 권리를 인정하고 싶지 않은 측이 다툴 때 그 가치가 발휘된다. 따라서 이해관계가 충돌하는 상황에서 활용할 수 없거나 쉽게 그 가치를 부정당하는 특허는 무용지물이다. 특허의 권리를 부정하려고 하는 자는 특허의 빈틈을 노려 다양한 반박 논리와 회피 방안을 생각해 낼 것이므로, 권리를 주장하려는 자는 이러한 상황에서 힘을 발휘할 수 있는 단단한 특허를 만들어야 한다.

아이러니한 것은 특허가 제법 돈이 많이 들어가는 것임에도, 대부분의 사람들이 필요한 용도에 맞게 특허를 설계하고 검증하는데 인색하다는 점이다. 출원하고 등록만 하면 원하는 바를 이룰 수 있다고 믿고 만족한다. 이러한 믿음은 특허가 가진 '만능 이미지'와 '전문가의 영역'이라는 특수성에 기인한다.

기업의 관련자들은 자신에게 필요한 특허, 좋은 특허를 보는 안목을 갖추어야 한다. 립스틱을 사는 소비자가 그 품질을 잘 판단할 수 없다면 색깔과 디자인만 그럴싸한 불량한 제품을 구매하게 될 가능성이 큰 것처럼 출원인이 특허의 품질을 보지 못한다면 강한 특허 권리를 가지기 어렵다. 또한 좋은 특허를 작성하기 위해 노력하는 실력 있는 전문가가 설 자리가 없어진다.

이 책은 경쟁 환경에서 기업이 필요로 하는 특허가 무엇이며 이 것을 얻기 위해 어떤 전략적인 고려를 해야 하는지가 핵심 내용이다. 특허로 인해 피해를 당한 사람이 아니라면 흥미를 느끼지 못하거나 내용을 이해하기 어려울지도 모른다. 그러나 점점 기업에 특허 전략이 중요해지는 것은 분명한 사실이므로 시간을 투자하여 숙지할 필요가 있다. 책의 내용을 한 번에 다 파악하기가 부담스럽다면, 필요한 부분부터 나누어 읽으면 된다.

이 책을 읽는다고 특허 전문가가 되지는 않는다. 조금 알면서 지나치게 자신만만하면 문제가 생길 수 있다. 깊숙한 전문적인 사항은 특허 전문가의 의견을 들을 것을 권한다. 특허 전략을 지원하는 전문가 그룹이 민간이나 공공 분야에 많이 생겨나고 있으므로 특허와 경영을 아는 전문가를 찾아 특허 전략 수립을 의뢰할 수 있다. 다만, 전문가들이 각 기업이 처한 시장, 경쟁사 등을 꿰뚫고 있기 어려우므로 특허 전략의 기본 방향을 정할 때 기업이 방관해서는 안 된다.

나는 현재 한국지식재산전략원에서 매년 7개 정도의 크고 작은 기업을 대상으로 특허 전략 컨설팅을 수행하고 있다. 수십 개의 기업에 속한 관계자들을 만나, 그들이 잘못 알고 있어서 안타까웠거나 꼭 알았으면 하는 내용을 책에 담았다. 재미있는 일을 하면서 남들에게 도움을 줄 수 있어서 기쁘다. 이 책이 작은 출발점이 되어 우리나라 기업들이 특허 전략에 대한 이해를 높이는 데 기여했으면 하는 바람이다.

그동안 특허 전략에 대해 같이 고민하고 가르침을 주신 삼성과 발명진흥회, 특허청, 한국지식재산전략원 등 특허 업계에서 만났던 특허 전문가분들께 감사드리며, 이 책의 용어와 특허 지식을 명확히 해 주시고 논리를 더욱 강화해 주신 이성수 변리사님께 감사드립니다.

끝으로, 사랑하는 남편과 두 딸에게 이 책을 바칩니다.

2015년 9월 7일

한규남

한규남 박사의 적극적인 제안으로 함께 책을 쓰기 시작한 지 벌써 2년이 훌쩍 지났다. 한규남 박사는 지금도 한국지식재산전략원에서 전문위원으로 기업에 대한 특허 전략 지원 컨설팅을 열심히 진행하고 있으나 필자는 그곳을 떠나 변리업계로 복귀한 지 벌써 1년 반이 되었다. 이 책의 완성에 이렇게 오랜 시간이 걸린 데에는 필자의 게으름이 한몫을 했으리라.

이 책의 큰 틀이 되는 특허 전략 수립 방법론이나 기업의 관점에서 상황에 따른 특허 전략 부분에 대해서는 이 부분에 해박한 지식과 안목을 가지고 있는 한규남 박사가 주로 집필하고, 필자는 특허에 대한 이해와 해석, 특허 제도, 법률적 문제에 집중하였다. 따라서 이 책의 많은 부분을 한규남 박사가 집필하고 필자는 살짝 숟가락을 얹은 셈이다.

오랜 기간에 걸쳐 쓰고, 고치고를 거듭하면서 완성을 보았지만 처음 쓰는 책이라 미흡한 점이나 오류도 많을 것이다. 하지만 최근 들려오는 특허 분쟁 관련 소식에 막연한 두려움을 가지고 있거나,

어떤 특허를 어떻게 확보해야 할지 방향이나 방법을 몰라서 어려움을 겪고 있거나, 특허를 활용하는 방법을 알지 못하여 비용만 들이고 결국은 사장시키고 마는 이들, 특히 치열한 비즈니스 경쟁 환경에서 특허 전략 방향 설정이 필요한 이들에게 이 책이 조금이라도 도움이 되었으면 하는 마음이다. 독자들의 좋은 의견이 반영되어 이 책이 더 많은 이에게 도움이 되는 방향으로 발전했으면 하는 바람을 조심스레 가져 본다.

특허 전략에 관한 책을 함께 써 보자고 제안하고 오랜 시간 함께 작업한 한규남 박사, 특허 실무밖에 모르던 특허쟁이 변리사에게 비즈니스 관점에서 특허를 바라보는 시야를 열어준 서강대학교 기술경영전문대학원의 교수님들과 학우들, 각자 자신이 가진 뛰어난 역량을 바탕으로 기업의 R&D 현장에서 특허 전략 컨설팅을 실행하는 동료로서 동고동락했던 한국지식재산전략원에서 전문위원들에게 깊은 감사의 말씀을 드린다.

2015년 9월 8일
이성수